教育领导力系列

丛书主编：周作宇

评估价值论

[美]欧内斯特·R.豪斯（Ernest R.House）

[美]肯尼斯·R.豪（Kenneth R.Howe）　　著

桂庆平　译

VALUES IN EVALUATION AND SOCIAL RESEARCH

教育科学出版社

·北 京·

主编简介

　　周作宇，教育学博士，北京师范大学教育学部教授、博士生导师。1999年美国印第安纳大学、波士顿学院访问学者；2004年意大利特兰多大学访问学者；2008年美国加州大学洛杉矶分校和斯坦福大学富布莱特访问学者。长期从事教育原理、高等教育管理与评估等研究。主持了国家自然科学基金、全国教育科学规划、教育部哲社等多项课题，出版了《问题之源与方法之镜——元教育理论探索》《教育理论的边缘》等多部著作，在《教育研究》等学术刊物发表多篇论文。

作者简介

　　Ernest R. House 是科罗拉多大学博尔德分校教育学院的教授。此前，他曾在伊利诺斯大学香槟分校教学研究与课程评估中心（CIRCE）工作，在洛杉矶的加州大学、哈佛大学以及新墨西哥州立大学做过访学，出访过英国、澳大利亚、西班牙、瑞典、奥地利和智利等国。他主要的研究旨趣是教育评估和政策分析，出版的专著颇丰，主要有：《教育创新的政治》（1974）、《在教室中生存》（与S. Lapan合著，1978）、《有效的评估》（1980）、《Jesse Jackson 和魅力政治》（1988）、《专业评估：社会影响和政治结果》（1993）以及《出售的学校》（1998）。1989年他荣获政治科学哈罗德·E. 拉斯韦尔奖（同年获奖的还有W. Madura）。1990年，又以其评估理论获得保罗·F. 拉扎斯菲尔德奖，该奖项由美国评估协会颁发。他曾是《项目评估新方向》（1982—1985年）的主编（与R. Wooldridge 一起），还是《评估实践》（1984—1989年）的特约专栏作家。1999—2000年他在斯坦福大学的行为科学高级研究中心担任高级研究员。

　　Kenneth R. Howe 是科罗拉多大学博尔德分校教育学院的教授，其研究专长为教育伦理和教育哲学。他已发表的论文及各主题著作章节40余篇，研究领域涉及教育研究中的量化/质性之争，多元文化教育的哲学反思。他在此之前已经出版两本书：《特殊教育的伦理》（与Ofelia Miramontes合著），以及《公平教育机会的理解：社会公正、民主和学校教育》。在科罗拉多大学博尔德分校，他为教师证书项目和教育基础、政策、实践研究生项目授课。

为自我领导而教育·教育领导力系列序

　　1999 年，我受国家留学基金委项目资助，在印第安纳大学布鲁明顿分校访学。一日，接到学校外事办的电子邮件，称在校园旁边有一所称为"和谐学校"的私立学校，邀请国际留学生和访问学者为学校的学生介绍本国文化，借此让孩子了解来自不同国家的风土人情。我报了名，并且做了比较充分的准备。整个活动分散在不同的教室，出入完全是开放的。学生们想去哪个班听就去哪个班，来去自便。我搜索枯肠将想象中他们能够接受的一些中国文化知识通过对话的方式做了介绍。参加的学生慢慢多了起来。令我欣慰的是只进不出，说明大家还是很感兴趣的。同时，令我有些惊异的是，这些孩子全然没有受桌椅板凳的束缚，各自采取舒适的方式围了一圈。有的蹲着，有的躺着，有的站着，形态五花八门。有的男孩甚至躺在地上，将头枕到女孩的膝上。看着孩子们听得津津有味，而且能够踊跃回答问题，我还用了一些从中国带去的体现文化特点的小礼物奖励答对的人。"讲课"时间很快就过去。结束后过了一阵子，我几乎快要将这次活动忘掉。这时收到了校长的一封感谢信。信上说，"谢谢你参加我们的活动。根据学生的反馈，大家对你讲的内容很感兴趣。觉得你的讲课方式比较生动，是那次活动中孩子们听过的最有趣的外国文化课。但是，学生们唯一觉得不舒服的是：你总用小礼物奖励那些答对的同学"。那封感谢信我一直保存着。此事过去那么久，至今回忆起来像是发生在昨天。一个让我一次又一次咀嚼反思的问题是：感谢信转折的那句话"但是……"意味着什么？那所"和谐学校"在其历史介绍中声明，他们的"教育目的是培养'全人'"。一切项目的设计和实施旨在促进学生追求学术卓越，培养良好的自我感觉，将学习看作终身的过程，使学生获得对生活的自我控制感。[①] 我们的教育究竟是为什么培养学生？要培养学生的什么？怎样培养学生？在我们的教育文化中，诸如"小红旗"之类的表扬和奖励在学校司空见惯。老师奖励"正确答案"而非鼓励学生积极思考的"教学技巧"，几乎没有谁觉得不舒服、不合适。我自己从事教育学研究，能够在美国的学校赢得学生的"专注听讲"，在课堂上就曾获得一种满足感。而那封感谢信的前半部分也曾刺激了自己一丝得意的虚荣。但是，那个令人永远忘不了的"但是"，像一个巨大的反光镜，常常催人反思：或许"胡萝卜加大棒"的教育习俗，已经深入骨髓。"意义空心化"和"教育外部化"是两个明显的教育病态症候。引导学生"走向奴役之路"，恐怕是最可怕的"教育陷阱"。

　　"意义空心化"与"教育外部化"具有内在关联。"意义空心化"是一种自我精神虚无的状态，表现为个人的意义世界"被殖民"，从而出现虚化或迷茫、搁置追问、回避对质等现象。如艾略特的《空心人》所描绘的那样："我们是空心人/我们是被填满的人/挤靠在一起/稻草充满了脑子。唉！/我们那干涩的声音，当我们/在一块儿窃窃私语，/寂静又无意义/就像干草中的风/又像我们干燥酒窖里/一群老鼠的小脚踩上碎玻璃。/有外形没形式/有阴影没色彩/力量已瘫痪，有手势却没动作。"[②] 将空心化的世界充实意义而不是稻草，需要个人的长期自我修炼，同时这也是教育的重要使命。教育的核心任务是呵护自然自我、社会自我与精神自我的成长，服侍

---

① 参见：http://www.harmonyschool.org/home/history。
② T. S. 艾略特，《空心人》，赵萝蕤译本。

个体的意义探寻，催化个人自由意志的发展。有效的教育从根本上说是"自我教育""内部教育"，即个体借助各种影响要素拓展视野、提升能力、增长才干、升华精神、服务社会①的学习和实践过程。有效教育旨在依赖个体自主并且通过促进个体由内而外淬炼成长而达到意义世界的建构和不断超越。外部化的教育承包个体的所有决策，侵占个人的独立思考空间，代替个人对无论是活动还是知识所承载的意义的咀嚼和品尝。外部化的教育是教育的极端状态，是一种"单极""单向"教育。"教育外部化"是极权主义在教育中的表现。其特点是"外大内小""外强内弱"。重外部权力和外部评价，轻内部认可和内在肯定；外部强制多、内部激励少；外部干预刺激多，内部消化吸收少；要求多，关心少；训话多，沟通少；苛责多，宽容少。教育外部化使自我空间被殖民，使自我从当下蒸发。个人的私人空间被外部指令所塞满，或沉迷于虚拟的电子"游戏世界"，"指尖"与"眼尖"构成身体运动的全部表现，被"游戏监狱"囚禁；或拥挤于信息超载的"知识超市"。个体的自由空间被挤占，行动被全景监视，从家庭到学校，校内到校外，到处可见"知识的集中营"。前者因接近于人的"赌徒式""瘾君子"天性而就范，表面上看起来是一种主动，实际上背后都有强大的商业利益集团操盘，因而本质上也是一种被动的"瘾士"。后者的主要推手是家长。在个体没有能量释放的封闭系统中，形成孩子和家长的诉求对峙，在讨价还价的博弈中作为监护人的一方当然力量占优，孩子被迫屈从。结果出现学生之"学无生"的心理创伤病态。"游戏监狱"和"知识集中营"的最大后患，就是意义探寻中的得过且过，随大流跟风潮，丧失主体意识和自我领导力。从而，哪怕那种"世人皆醉我独醒"的"最后之人"式的一点点清高浪漫也几近消失。

---

① 此处的社会是广义的，服务社会包括师生之间、学生之间的相互合作和互相帮助。

在光鲜浮华的外表背后，意义的世界为"自大、自卑、争风、嫉妒、厌烦、浮躁、易怒、跋扈"所装修。鲁迅先生"救救孩子"的呼吁，敌不过有形无形、或远或近的"同谋者"的"轻率""偏执"甚至"暴力"。人类那块儿"挚诚向往但永远到达不了的地方"，那片诸多媒体已经燥热得顾不上光顾的召唤先人执着赶路的"应许地"，宛若"城里的春联"，只是一家家移民的"乡愁"寄托，或多或少已经丧失了弄堂街巷的文化活力。

　　一位教育学专家在中小学调研时曾问一名初中生，"你的理想是什么？"学生答："想考一所好高中。""那高中毕业后呢？""考一所好大学。""大学毕业呢？""找一份好工作。""工作后呢？""找个好妻子。""再然后呢？""生一个好宝宝。""有了小宝宝呢？"说不清楚了。显然，在文凭社会里，大学是一个重要的人生门槛，大学文凭是一个重要的学习诱因。教育为学习提供保障，是社会分层和社会地位再分配的工具。在教育生产线上，大学获得的乃是看得见的具体目标。在严酷的社会分层建筑里，教育的技术锻造和工具打磨将更为深刻但也更加模糊的价值内涵压榨挤兑。从而出现"意义真空"或"意义空心化"。"获得知识而失去意义"，是一种现代"文凭病"。阿瑟·米勒（Arthur Miller）的剧本《维希轶事》（*Incident at Vichy*）曾讲述了一个上流中产阶级人士的故事。当时，纳粹占领了他的城镇。在纳粹面前，他拿出大学学位证书、著名人士的推荐信，以表示他的身份。纳粹见状问他："这就是你拥有的全部吗？"他点点头。于是，纳粹将所有这些材料扔进一个垃圾筐里，告诉他："好吧！这下你什么也没有了。"主人公的自尊建立在别人的尊重上。面对这样的情景，其情感受到极大的打击，个人价值感几近消弭。①确实，如果自尊完全建立在别人的好恶态度上，那么，没有了别人

---

① Viktor E. Frankl. Man's Search for Meaning［M］. Forward by Harold S. Kushner, Boston: Beacon Press, 2006: X-XI.

的肯定和承认，个人的意义世界就会倾倒。如果将那位初中生和米勒笔下集中营的中产阶级人士的愿望和遭遇联系起来看，我们的教育几近陷于价值消弭。当然，集中营的现象是特殊人群在特殊时期所遇到的特殊待遇。在常态下，人们不是普遍地、经常地能够面临这样的价值困境。随着现代教育的发展，尤其是高等教育不断普及，大学学历会越来越高端化，学位也随着数量的增加而越来越贬值。当学位即便不是像在集中营那样被扔进垃圾筐，而是遭遇贬值的时候，个人的价值如何度量？或者，不是剧本中那位中产阶级人士，而是别人，面对类似集中营这样的极端环境，在个人的尊严受到不能再大的外部侵害的时候，当个人失去人身自由、失去曾经拥有的一切而只剩下不由自己支配的身体时，人的价值支点在哪里？对此，维克多·弗兰克给出另类答案："我们所拥有的最大自由，乃是可以自由选择我们对自己在这个世界上的角色的看法，是我们无论身处什么样的境遇，都拥有做出积极反应的力量。"[1] 比起外部的评价，我们如何看待自己更加重要。人们是不可能将成功的祭坛建立在借口之上的。只有我们知道自己是谁，我们才能承担使命同时丢掉不切实际的幻想，认清自己选择和行动的价值，寻找自我挑战的方法，让自己的所作所为真正富有意义。弗兰克是"寻找意义"的代表。他不但从纳粹的集中营里幸存下来，而且以其切身感受开创的"意义疗法"（Logotherapy），给许许多多面临意义困境的人们以慰藉。弗兰克之所以能够在集中营幸存下来，第一，得益于他的身体足以承担繁重的体力劳动，这是他没有被纳粹直接筛选到毒气室毙命的第一条件。第二，他本人是心理学家，在专业上有一技之长，在集中营里的医生需要帮手的时候，他能够给予协助。第三，他的父母、妻子被关在其他集中营，他内心存在有朝一日亲人重逢的精神寄托。由于消息不通，他对这些亲人的死亡一无所知，这种"无知"使他

---

[1] Viktor E. Frankl. Man's Search for Meaning [M]. Boston：Beacon Press, 2006：66.

的生存信念时时受到激励。类似中国古典的"孝悌"伦理对他生存之勇气发挥了作用。第四，他主张并且实践"意义探寻"的积极心理取向，这乃是至为重要的生存良药。历史不能重复实验和验证，但是思想可以实验。将教育做假设在集中营环境下的"思想实验"，或许可以看到教育的真正价值和意义。如果教育不能赋予学生"认识你自己""选择你自己""认可你自己""成为你自己"的勇气和力量，无论一个人通过教育获得多少从文凭到工作到职位到财富到荣誉等有形无形的外在东西，当面临"集中营裁判"的时候，当这些东西被抛到垃圾筐或火堆，个人经受真正的价值裁决的时候，也就是教育经受"审判"的时候。凡是像弗兰克一样能够经得起集中营考验①的人，即无论在多么险恶的环境下，都能够积极面对，体现人对环境在态度选择上的自由，那么，他就拥有积极的、充满活力的"意义世界"。相反，如果个人不能很好地将环境和其对环境的反应区别开来，看不到任何环境都剥夺不了的人对自己态度可以驾驭的最后防线，那么，他的"意义世界"就会被"外部世界"统治或殖民。从而，自我的整体感丧失，理性遭到抛弃，感性被放大。自我的独立意识沉沦，自主的态度驾驭感缺失，自我信任的基准塌陷，自我在或者依附或者与人疏离的两极左右偏执地摇摆，个体由"原创"沦为"盗版"，由鲜活的独特生命个体蜕化为浑然随波的"沉默羔羊"。为了逃避现实或填补虚无的空间，个体不得不"活在别处"。身体不能承受心灵之轻，心灵也无法承受身体之重，身心彼此对抗，不能不向分裂侧滑。结果，自我走上奴役之路，心理走向人格分裂。

"有一个真理矗立不倒。在世界历史中发生的所有事情都会停留在某些精神上。如果这种精神是强大的，那么它创造了世界历史；

---

① "集中营考验"是一个比喻，是指人们所遇到的被剥夺了一切外部所有后的极端状态。

如果这种精神是虚弱的，那么它经历了世界历史。"① 人之为人就在于人的精神具有或潜在或现实的自主性和超越性，尽管这种特性可能被压制和遮蔽。人类历史证明，在人上升的道路上，领导力非常重要。无论是英雄创造历史还是群众创造历史，历史都是领导力展现的历史。人人皆需领导力，自我领导不一定需要特别的头衔。"自我领导是一个能动的过程，在这个过程中，个人学会更好地了解自己。借此，生活之帆获得了行驶的方向。"② "如果没有很强的自我领导感，人们就会觉得失控、受压制、无法集中精力。"③ 旨在培养自我领导力的教育才是面向未来的教育、进步的教育、解放的教育。"世界上本来就没有救世主，也不靠神仙皇帝。"教育不是救世主，也不是神仙皇帝。但教育既可以点燃人的自由精神之火，也可以熄灭人的自我领导火种。教育要克服"外部化"倾向，必须解放自我，锻铸精神，消除殖民，倡导为自我领导而教育的哲学。

周作宇
2014 年 3 月

---

① 斯柯维茨（Albert Schweitzr），转引自《获取精神力量的 10 种方法》。参见：托尼·布赞. 获取精神力量的 10 种方法 [M]. 周作宇，张学文，译. 北京：外语教学与研究出版社，2005.

② Pentti Sydanmaanlakka. What is Self-leadership [JB/OL]. http：//www. pertec. fi/@Bin/116594/whatisSL. pdf.

③ Dr. Rick Bommelje. The Top 10 Ways to Strengthen Your Self-Leadership [JB/OL]. http：//www. listeningpays. com/？ page_ id=201.

目　录
Contents

上篇　价值诉求

中篇　对其他观点的反思和批判

下篇　民主协商式评估

序　言

　　本书创作的主要意图是用当代哲学的一般潮流和趋势，调和评估实践中的理论争端。尽管评估者经常会从哲学中寻求思想观点，但是最近二十年哲学界很多重要的思想还未经发掘。因此，我们这些肩负评估者和哲学家双重角色的人，就有责任去承担这一重要使命。然而，把一个领域的学术概念迁移到另一个领域，并不是一个简单容易的工作。因为这两个领域的话语体系和论述风格是完全不同的，尽管我们尽量在弱化二者的差异，但是读者在阅读时还是会偶感不适。哲学论述的风格要比评估论述风格更缜密，更艰涩难懂，也更让人振奋和神往。这是苏格拉底的学术遗风。在此，我们首先要向那些对这种大胆的分析风格怀有敌意的人表示歉意，那些经常阅读哲学著作的人对此已经习以为常了。

　　为了完成这一任务，我们将讨论视角聚焦在著名的事实价值二分法——当前评估界一个未解的核心问题。首先，我们分析这个问题在当前的哲学界是如何讨论和解决的，然后把这些思想运用到评估理论，同时还会加入一些我们自己的理解和认识。这并不意味着哲学都是有答案的。事实上，在我们写作的过程中，哲学的局限性反而愈发明显了。无论如何，哲学家小心仔细地思虑着很多相关问题，从两个不同领域的视角来综合获得思想，从单一视角出发是无法企及的。

　　需要申明的是，本书的关注点是评估的理论建构，而不是实践操作，当然，我们也确实希望理论能够对实践起到某种潜在的引导作用。我们认为理论就是用来调整和引导实践的，所以，长期以来，理论总是和实践有所区别的。同时，实践也在不断地丰富着理论，这一点已经被反复证明了。既然我们的关注点是调和评估理论和哲学，这就意味着这不是一本教你如何操作的行动指南。相反，本书旨在建立一种中间理论，使评估理论和当代哲学思想（尽管只是当代哲学思潮中的一个小分支），尤其是民主思想保持一致。中间理论只表明评估应该具有的属性，对于在具体案例中如何实现，不做必要的具体说明。所以，本书为评估提供了一种视角，而不是如何评估的模型。

　　事实上，目前许多评估者都在默默地践行着我们的主张，当然他们这么做，不是出于哲学的思考，而是凭借个人经验和直觉。我们谨慎地把理论结论和当前实践相结合，目的是给那些在我们之前就已经开始践行这些理论的人们以信心，并证明这些理论确实是可行的。

　　尽管我们的关注点在评估领域，但我们相信这些思想是同样适用于教育和社会研究领域，因为在这些领域价值问题同样悬而未决。评估和社会研究通常是相互渗透的，但也是可以区分的。评估实现的结论通常是"X是好的"，而社会研究通常的结论是"X是Y的原因"或者"X是Y的一例"，当Y表现为某种有价值的东西时，二者是相似的。

　　我们认为，在评估和社会研究中，研究人员面临着相似的价值问题，而无法保持价值中立。当然，这两个领域的研究人员可以得出客观、公正的判断。但是，如果要为如何将我们的分析运用到教育和社会研究领域提供具体的案例，那需要再写一本更长更复杂的书了。所以我们只关注评估领域。

xi

致　谢

这本书里讨论的一些思想在欧内斯特·R. 豪斯之前的一些代表作中已经出现过了。例如，1997 年发表在《澳大利亚评估期刊》的《评估中的价值问题》；1998 年欧内斯特·R. 豪斯和肯尼斯·R. 豪发表在《美国评估期刊》的《评估新倡导》；1995 年肯尼斯·R. 豪发表在《教育行动研究》的《民主、正义和行动研究：一些理论新发展》；1998 年肯尼斯·R. 豪在《教育研究者》上发表了《教育研究的解释学转向和新争论》一文。

此外，我们要特别感谢爱卡尔森的协助以及多本书稿的评论者：伊利诺斯大学香槟分校罗伯特·E. 斯塔克，纽黑文大学迈克尔莫里斯，佐治亚州立大学加里·T. 亨利，效用导向型评估作者迈克尔奎因巴顿，他们为本书的修订提供了宝贵意见。还要感谢 C. 狄波拉劳顿，她用极大的耐心和熟练的技巧克服了书稿在概念和风格上遇到的诸多困难。

绪　论

——价值的问题

评估者经常要面对相互矛盾的专业意见。这里有些例子：

■ 评估者应该保持价值中立

■ 评估者应该拥护某个团体

■ 评估者应该平等对待利益相关者的观点

■ 评估者应该对利益相关者的观点进行权衡得失

■ 评估者应该合理合法地认可利益相关者的观点

■ 评估者应该采纳研究赞助商的观点

■ 评估者应该与利益相关者保持对话

■ 评估者应该远离利益相关者

■ 评估者应该只扮演服务商的角色

■ 评估者应在研究中得出结论

■ 评估者不应该得出任何结论

■ 评估者应该得出有倾向性的结论

■ 价值决定方法论

■ 价值与方法论无关

■ 价值是主观的

■ 价值是客观的

这些观点来自不同的评估概念，基于不同的假设。事实上，评估中许多最激烈的争论都是围绕所谓价值问题展开的。尽管这些问题是很复杂的，但是这让评估者为之兴奋，根源在于我们认识世界的方式不尽相同。我们认为，这些不同的信念根源于事实和价值本性的分歧。一种观点认为，事实和价值是可分的。这种观点认为，评估者可以合法地判定事实，但是无法判定价值。价值可以被选择，但是不能被理性推论。因此，评估者必须在毫无价值批判的前提下，完全基于利益相关者和顾客的价值得出评估结论。换句话说，评估者必须严格限定研究结论与他们的顾客和利益相关者的价值保持一致。

另一种相反的观点——激进的建构主义认为，人们不仅能够选择价值，而且能够选择他们认为的事实。事实和价值一样，也是一种个体的选择，这种选择是基于个体的信任或者是个体以自己的理由选择去重视。某种意义上讲，个体建构了自己的世界，他们自己的现实。因此，评估者在处理其他人的事实和价值时，应该保持价值中立的角色。在这种观点看来，专家意见并不扮演什么重要角色，人们必须自己来决定，所有一切都与他们的个人观点有关。

我们不认为这两种普遍的观点为评估提供了适当的准则。我们更愿意以另一种方式来界定事实与价值的核心区别。我们主张事实和价值是不可分的，二者是相互融合的。评估性陈述是事实和价值主张的混合体，可以说，评估中的大部分陈述都是如此。

而且，我们主张评估者通过收集和分析证据，遵循专业的原则和程序可以得出客观的价值结论。这样的观点为专业评估行为提供了合法性，也使评估扮演了一个强大的社会角色。我们认为，评估获得了公共决策的权力，这是当代社会急需的服务。

为了完成这项任务，评估者需要使其角色与民主观念保持一致。事实上，我们认为那些评估的实践者们必须要建立广义的概念，来理解在民主社会他们的研究是如何被使用的。我们的目的是要使理论和专业实践与民主思想保持一致。这并不是一个乌托邦式的目标，

XV

在我们看来，许多评估者已经很好地这么做了。在本书中，我们将用当代民主思想，解释这些实践背后的理论支撑，同时建立一种概念解释这些实践对民主的贡献。

本书辩论焦点

本书第一部分主要讨论价值和价值判断。长期以来，价值判断的身份地位是备受争议的，这种争论一直延展到评估领域，严重妨碍了评估的发展。20世纪实证主义认为事实和价值是截然不同的。事实与真实世界有关，而价值取决于具体情境下人们所做出的选择。因此，价值具有内在主观性，价值判断没有认知基础。这就意味着评估者没有办法合理地做出价值判断。想要做出价值判断必须通过其他手段，比如让评估的读者来决定。

在我们的分析里，事实和价值陈述共存于一个连续的谱系上，二者之间相互交融。尽管在这个谱系的两端存在某些事实陈述或价值陈述，但在这个谱系中间地带的多数陈述都是事实和价值的混合体，它们相互交织在一起，无法区分（第1章）。这个原则同样适用于评估中的陈述以及评估者经常从社会研究中移植过来的概念。IQ就是个很好的例子，它既是事实的，也是价值的。

我们认为，只要评估者遵循正确的原则和自我约束的条件就可以得出确凿的评估结论。这并不意味着评估者需要为决策者或顾客服务，但是在受制于严格的评估判断之外，还需要考虑专业评估外的其他要素（第2章）。

正如斯克里文所言，评估的逻辑就是发现评估的标准，为每个标准设立行动规范，收集相关数据，最后汇总数据，对政策、项目、产品等做出成功或失败的整体判断。斯塔克等人认为，这种形式逻辑并没有反映出评估推理的复杂性，就像三段论式的演绎推理并没有抓住人类推理的复杂性一样。(Stake et al., 1997)

xvi

实际的评估过程是非常复杂的，受到很多实质性的背景条件和评估对象的本质性因素的制约。评估的背景信息也是至关重要的，因为这会限制评估逻辑的可能性和解决方案的可能性。评估者不需要考虑所有的标准以及所有的潜在受众，只需要考虑特定时间、特定地点和特定条件。尽管参与评估过程的评估者在如何达成一致的标准方面有差异，在绩效标准和数据处理方面也存在异议，但他们最终都能使用专业的概念和工具达成某种程度的一致。

对其他观点的批判

本书的第二部分将对三种代表性观点进行反驳和批判。第一种就是关于事实和价值的传统观点（第 3 章）。传统观点从 20 世纪 60 年代开始主导了评估的发展。1982 年唐纳德·坎贝尔撰写的书中对传统观点的形成和发展做了最清晰的表述。尽管坎贝尔排斥实证主义认识论，但他仍然坚持把事实和价值的区分作为实现客观、公正的社会研究的方法论基础。1995 年沙迪什、库克和列维通对描述性评估和规范性评估的区分与坎贝尔的观点相似，他们认为最终的价值判断实际掌握在评估项目的委托者手里。

传统观点为评估设置了价值限制条件，但是这种限制是极小的。传统观点至少有两种形式：方法描述和利益集团描述。方法描述采纳一些目标，例如学术成就或成本最小化，考核实现目标的方法，以及实现目标的最佳方式。利益集团描述不仅要求不同团体的利益和价值都应该被考虑，而且要同等地考虑和对待。通过这样的方式得出的结论应该是"从利益相关者 Y 的角度来说 X 是好的"。

这些方法在我们看来是不充分的。方法描述没有规定其他受影响的当事人的参与，而利益集团描述既没有考虑不同利益团体间的利益平衡问题，也没有考虑不同团体的主张背后的道德力量。因此，"价值最小化主义者"面临困境：他们要么排除了其他团体的价值诉

xvii

xviii

求，要么一旦价值诉求被采纳就会出现价值无政府状态。

听取局内人的观点和那些被排斥和边缘化者的声音，评估中的解释学转向为此提供了正当性（第4章）。有一种观众知识观认为知识是消极观察和一点一点积累，与此相反，解释学主张建构主义知识观，知识是通过交往和对话，积极地建构起来的，知识是文化和历史的产物，具有道德和政策价值的秉性，通常为特殊的利益集团服务。

由此产生的对话方法主张评估中的事实和价值是一个混合体，而且密不可分。尽管在我们协商式民主观点中也采纳了一种对话的立场，但我们对其他形式的对话观还是存在一些质疑的，比如激进的建构主义和后现代主义。激进的建构主义表面关注利益相关者的情况报告，因为他们有作为内部知情者的先机。（Guba & Lincoln，1989）

通过对话交往，不同的价值被无意识地吸收和容纳了，这是一件好事情。但是，激进的建构主义者无法超越利益相关者的中立性，在他们看来，局外人的观点是不被认可的，至少没有权威性。因此，鉴于社会项目和政策的影响，评估者必须顺从利益相关者，把自身的角色限定在促进者的层面上。问题在于，当局者的观点有的时候是错的或者是带有偏见的，而这些偏见有被局外人反驳的危险。

很难去概括出后现代主义的整体特征，但有一个特征就是，他们都不赞成当局者的观点是不容置疑的（第5章）。事实上，后现代主义者认为社会生活其实被很多的偶然性所掩盖，要想认清社会生活的本质，必须要对社会生活进行问题化、解构化和混沌化。在后现代主义看来，调查者必须对那些视为理所当然而又缺乏根据的压抑人们的社会规范和实践进行质疑和批判。例如，评估者应该有意地向被访者发放挑衅性的问卷，激励他们去质疑评估本身的权威和评估背后的指向性。（Stronach & Maclure，1997）

后现代主义者也从不给评估提供任何价值结论，对其他提供价值结论的人表示怀疑。公共知识和专家意见都具有压迫性。因此，后现代主义者拒斥一切价值判断，包括他们自己的。实践中的评估要为公众提供一种指导，但是我们很难想象一种只有解构和破坏，但是没有其他限定条件的实践活动。

协商式民主观

本书的第三部分将讨论我们主张的协商式民主观。协商式民主观反对价值最小化主义和价值相对主义。它不像方法描述那样，假设一个目标，并使它最大化。也不像其他传统观点，仅仅描述利益集团。协商式民主观是对话性的，但是不像激进建构主义那样假设局内人通常是正确的，也不像后现代主义那样，不限定任何的条件，而是要采用公共标准去评估得出公共知识。

协商式民主观充分肯定民主价值，主张在明确的民主框架下进行评估活动，评估者有责任去维护民主价值。评估者通过一定的程序去统一局内人和局外人的观点，给那些被边缘化和被排挤的人发表观点的机会，运用合理的标准进行广泛的协商，与那些评估中重要的受众和利益相关者进行对话交往。

很显然，在或隐性或公开的权力关系下，不同的利益相关者事实上在对话的过程中力量是不对等的，对话也不是充分民主式的。但是，在评估的计划、设计和阐释的过程中，评估者应该力求改进这个问题，保障自由的、无障碍的协商得以实行。评估者不应该假设所有相关者的观点都是同样正确的。事实上，在民主的前提下，有些利益相关者的观点是要被剔除的。

评估应该满足三个明确的条件：包容、对话和协商。首先，评估应该通过某种形式包含所有主要利益相关者的利益和观点。其次，应该允许广泛的对话以此来保障所有利益相关者的利益和观点都是真实可靠的，也是具有代表性的。最后，要充分地协商以保障结论的有效性，而且，在协商过程中要采用评估专家的意见。当评估满足了这三个条件，通过适当的数据收集和分析，我们就可以认为这项研究是民主的、公正的、客观的。

当然，评估者必须在现实的社会条件下进行评估活动，我们也要认识到，在现行的政策环境下，直接实行协商式民主评估太过理想化了。执着于协商式民主，不做任何妥协是不切实际的，但我们也不能只追求很好，而放弃了追求完满。这并非意味着在现阶段条件下不能达到理想的协商民主，未来就不能无限接近。

评估者切记不可忽略了力量的平衡，也不可假装着推行公开的评估对话，而实际上不是这样。我们认为，评估者处理权力问题的最佳方式就是要正视这个问题，把民主协商作为公共价值主张的最理想的裁决方式。这样看来，评估者既不是旁观者，也不是哲学王。在第7章中我们将审视几位评估者的工作，他们已经尝试建立民主对话。

最后，在本书的结尾，我们将讨论评估在民主和发达资本主义社会中的角色作用。社会在这个阶段的主要特征是强大的宣传机构、公共关系和大众媒体。各种主张和诉求，甚至相反的主张和诉求泛滥。在这样的社会里，我们需要像评估这样的认知制度来帮助我们辨别正确和错误，判定产品、项目、政策、行为的价值。这样的制度为民主决策提供了完备的知识基础。

这就意味着，评估满足了协商式民主的需要，而不是情感主义民主的需要。情感主义民主认为，公民的观点和价值是提前假定的。价值不能根据对他们自身的意义进行协商。相反，协商式民主认为，所有公民的观点、行为和价值都可以依据对他们自身的意义进行协商和讨论。

协商式民主观点既适用于评估机构，也适用于个人研究。这种理论本身追求一种平等的正义观，在满足包容、对话、协商的前提下，平衡各种力量得出评估结论。

　　在我们看来，评估者在评估的过程中，承担着一种信托责任，运用他们的专业知识去优化公共利益。有时候，他们必须是机智的谈判专家，愿意去妥协，但同时也要清醒地知道妥协的底线在哪里，更要知道哪些道德主张是不能让步的。评估者必须满足民主的要求。

上篇
价值诉求

1. 事实与价值

　　大学本科的哲学课程是以前苏格拉底学派为开端的，老师总是向学生们介绍芝诺悖论。其中的一个悖论讲到，如果你想走出一个房间，在某个时间点上，你剩下了离门一半的距离，瞬间之后，你又走了原来一半的距离，然后又走了一半距离，以此类推，以至无限。换句话说，每次你都走过了原来一半的距离，不管时间怎样流逝，逻辑上你永远都不能走出房间。

　　这个推理显然在某个地方出错了，事实上你可以离开这个房间。离开这个房间并不像这个悖论所描述的那样，一种无限的数学累进式的运算模型。这个模型并不适宜用来离开房间。这就是聪明的哲学家运用他们看待问题的方式所制造的困境，甚至有些时候他们分析的结果与常识不符。

　　社会研究中的价值无涉原则使人联想到芝诺悖论，只是价值无涉的主张比芝诺悖论更有害无益。没有多少人坐在一起讨论出不去的问题，相反有很多人包括专业的评估者都在讨论他们无法做出价值判断，即使他们做了，也是不正当的。价值无涉原则连同不适当的因果关系概念严重地阻碍了社会研究的进程。（House，1990）该原则认为我们无法理性而合法地做出价值判断，就像芝诺悖论所认为的我们无法走出房间一样。事实上，一直以来二者我们都做到了。

价值判断的怀疑论者从柏拉图时代一直以各种理论形态存在着，也许时间上可以再向前追溯。在柏拉图的理想国里，怀疑论者嘲笑苏格拉底企图用理性去理解正义的做法。他认为正义就是"强者的利益"。现代价值怀疑论可以追溯到奥布和休谟，后者认为：理性是，而且仅仅应该是激情的奴隶，它永远都不能假装为别的职责，除了服务和遵从于激情。因为道德影响着行为和情感，而这些是无法从理性得出的；因为单独的理性没有这样的影响力。道德激发热情，从而采取行动。理性本身在这些方面完全是无能为力的。因此，道德的原则不是理性的结果。（Hume，1739/1978：415，457）

这与论证毁灭整个世界还是划伤我的手指之间的选择并不冲突，在毁灭我自己还是维护一个我完全不认识的印度人的权益之间的选择也不冲突。不论我的认知程度是否有增减，我对前者的热爱都会超过后者。

休谟的观点得到了 20 世纪有影响力的哲学家（如实证主义者）和社会科学家（如韦伯主义者）的回应。他们认为，价值判断仅仅是赞成或主张意愿的情感或态度的表达。他们以道德主观主义为例，这种观点坚信道德立场不是以理性或者是事物的本性为基础，我们接受一种"道德立场源于情感上的吸引"的观点。最终，价值判断变成一种非理性的选择，远离科学调查的王国。

本书核心观点主张可以使用理性做出价值判断，并得到恰当的理解。我们认为不但评估的方法框架中包含有价值判断（即使是暗含的），而且评估中使用的概念也有价值判断的成分，例如，"智力""共同体""弊端"。如果我们认为评估是对道德和政治的自我反思，那么对这些价值事项就必须进行详细的解释。只要评估者遵循专业原则、规则和程序，他们就能够合法地得出价值判断，这是他专业工作的一部分。他们也应该对自己的主张进行辩护。

价值——事实连续体

诚然，价值并不是最精确的概念。正如弗兰克纳（Frankena，1967：229）所指出"'价值'和'评价'以及它们的同源词和复合词正被混乱地使用着，其范围涉及当代文化、经济、哲学领域，尤其是在社会科学和人类学研究中使用更为混乱"。价值的概念曾经是合理清晰的。价值就是物有所值。评价就是对它的价值进行估价。我们使用评估的最初概念是指：评估是对价值、优点和其他某种价值的判定，尤其是对产品、项目、政策和绩效的专业评估。（Scriven，1991）所以，专业评估需要谨慎行事，不能仅凭着爱好或期望行事。

当然，我们不可避免地要完整地使用这个术语。价值被当作一个具体的名词广泛地用来表示那些有价值或者被认为良好的事物——例如，民主价值、保守价值、利益相关者价值。通常这些价值概念的背后都隐藏着一个前提假设：客观的价值并不存在；事物有价值仅仅因为我们认为它们有价值——这又回到了关于价值的主观性概念，价值判断与理性评价无关而与个人选择存在某种方式上的联系。

评估和社会研究共同体中普遍存在着对价值的这种理解。因此，我们经常会发现利益相关者是如何在他们的评估研究中使用"价值"术语（那些他们认为重要的被赋予了价值）的。价值术语的这种用法实际上是指：观点、信念、偏好、利益、愿望、需要和期望。通常并不具体定义。本书中我们讨论的价值概念，我们希望尽我们所愿地界定清楚。有些时候我们是指理性的价值结论，有些时候是指偏好、信念、利益等，这要根据所提供的具体条件而定。

6

事实上，应该对价值-事实二分法做详细说明。休谟认为，事实和价值各有所指，这种观点要么理解为价值和事实是相互独立的，要么理解为无法从事实中得出价值。在这两种情形中，价值都是脱离事实的。我们的观点与此相反，价值和事实相互融合为一个连续体，就像这样（House，1997）：

无修饰的事实————————————无掩盖的价值

连续体的左边是此类陈述例如"钻石比钢铁硬"，此类判断与个人品位无关。连续体的右边是另一类陈述例如"赤霞珠红葡萄酒比霞多丽白葡萄酒要好"，这类判断与个人的品位有很大关系。在连续体的中间的陈述例如"A 比 B 更聪明""X 是一个好项目"和"测试是有效的"。这些语句既不是无修饰的事实也不是无掩盖的价值；它们是价值和事实的统一体。这些陈述可能是正确的也可能是错误的，但都具有很深的价值含义。

判断一个陈述是无修饰的事实还是无掩盖的价值或者是中间位置的陈述，很大程度上取决于语境。例如，"约翰·多伊死了"看上去好似一个不包含任何价值暗示的纯粹事实。然而，如果约翰·多伊已经陷入不可逆转的昏迷状态，仅仅靠生命保障系统延续生命又如何判定呢？现代医学对死亡的判断经历了意义上的转变，这主要是由价值判断引起的，例如，什么是好的"生活质量"。由于现代医疗技术的发展，原本相对纯粹的事实判断也遭受颇多的价值渗入。

专业评估的陈述主要集中在事实-价值连续体的中间部分。这些陈述主要源自特殊的机构——演进中的评估机构。陈述的真实客观与否在于专业评估者能否遵循他们所建立的评估原则和评估概念。有些人的判断受到这些机构标准的影响，但是他们的人类本性并不一定会使他们得不到客观真实性。

让我们仔细考虑一下斯塔克（Stake，1995）关于哈柏学校评估的卷首语：

芝加哥的学校改革引起了各地评估者的关注，但是对芝加哥哈柏学校并不关心。人们更关心富有争议的、负担沉重的、令人沮丧的日复一日的教学和学校管理。对于行政人员来说，全系统的学校改革过于抽象，有点脱离现实。

哈柏学校发展计划（SIP）在以下方面提出要求：阅读、跨文化研究、为继续教育准备，甚至修补破漏的窗户。但是单调的教学生活慢慢消磨了教师的热情；为学生的缺席和迟到负责；检查作业完成情况哪怕只有一个学生；面对没完没了的反叛；维持午餐时间排队秩序，一个去自主餐厅，一个去出口，直到所有班级都用餐完毕。

斯塔克在报告的前几页中描述了他去学校调查的情况，学校的环境，面见校长等方面。通过仅仅第一个段落的介绍，读者基本上对该学校有了了解，也基本上知道了斯塔克对芝加哥学校改革的态度。他艺术地把评估结论融入了描述之中。这是描述吗？是。这是评估吗？是。文章脉络通常决定了陈述是评估性的，还是陈述可以同时是描述性的和评估性的。斯塔克关于芝加哥学校改革研究的客观性在某种程度上可能是对的，也可能是错的。假如他的观察是错误的，他会得出错误的结论。

如同其他陈述一样，我们可以提供证据表明评估陈述的客观性。在这类陈述中，价值和事实方面是混杂在一起的。例如"社会福利增加了无能为力"。这类陈述需要我们对社会福利和无能为力有所理解，而这些概念是严重价值负载的。这个陈述是真实的吗？我们可以利用可作为证据的评估程序来判定它的真实性。我们提供证据做出判断，在纪律准则范围内赞成和接受。为保证判断的客观性，必须遵循纪律性框架。

我们主张客观性即为陈述可以被判断是真或是假，也就是说如果陈述是公正的，那么它就是客观的。（Scriven，1972）我们搜集证据判断陈述的真假性，同时运用纪律约束的程序保证不偏不倚地处理证据过程。斯克里文（Scriven，1991）再次重申了关于价值判断客观性的观点。当然，如果有些怀疑论者认为人类的判断和概念都是主观的，那么所有的陈述都变成主观的。即使是"钻石比钢铁硬"这样的观点，也依赖于钻石和钢铁的概念，尽管它们指涉的都是物理实体。

我们明确地反对实证主义关于客观性的主张，它们要求剥离所有概念和价值的方面直至事实的基石。然而，在我们看来，客观性就是通过纪律约束的程序，审视适当的方法论学说，保持健康的怀疑精神，排除一切偏袒的不利因素，最终得出公正的判断。我们否定评估者的角色仅仅是做出事实性判断而把价值问题留给他人去解决。评估者也要对价值主张做出判定，事实上，他们也很难不去这么做。

价值的崛起

我们所提出的统一的见解是发言人所陈述的事实价值言论已达成了一些结论。已陈述的价值诉求似乎解决了问题，一如既往。但价值诉求的建立却可能是突发性的。为说明该问题，假设某人问以下的问题："您对将美国的政治系统改制成以色列式的议会制度有何看法？"我们也许会做出如下的回答："呃，我们可以看到重视少数观点的系统确有优势，即便这些观点最终未能胜出。而我们的系统是，只能听到能获得多数人投票的观点，都是拼凑出来的、淡化异议的政策。但我们真正需要的是更多的信息。我们对以色列的系统并不熟悉，我们可以假设能在我国的形势下对其进行调整。"

鉴于这种交流，判断我们"推崇"改制成以色列式的制度是否正确？也许不对，但说我们对此不赞成也不完全正确。在进一步的交流之后，我们也许能回答核心问题，也许能明确的归属于其中一方。这时我们能对以色列的系统进行评述，包括我们得出观点的推理过程。

　　许多议论"谁推崇什么"的问题都类似。假设在该例中，通过进一步的交流获得我们所需的信息后，我们可能最终以支持议会制度结束。很难说这种价值观是一直保持的还是新近建构的？一种观点是一如既往的，但只能通过对话和反思进行揭示。而另一种观点是先未存在而后被建构的，因为在初期我们并未有如此明确的立场。但我们为何要担心这个问题呢？

　　我们的评估者需要考虑的是人们经过反思后的观念。这是人们在社会政策和项目动议中真正信任的观念。这种价值诉求由深思而产生，部分由对话完成，这是健全的民主要求的——也是我们所坚持的。价值（价值诉求）可能只是浑浑噩噩的偏好，但良好的评估是所有相关方仔细考虑的结果。我们希望见到评估建立于深思之上。于是问题转化为，什么条件能催生考虑成熟的价值诉求？我们转向民主自身的概念来回答，在许多利益相关者的利益诉求有争议时，什么能构成恰当的审议？

价值与民主协商

　　我们认为评估者预料到他们的结论所受到的社会反响，至少能隐约地估算到。他们进一步在"民主"的条件下协商，因为大部分的评估者都在民主社会的条件下进行运作。在此种条件下，评估的协商至少满足了民主的条件。

　　将该概念转一个方向，评估者鼓励一定程度的民主参与，其形式为给予一定程度的接受。换句话说，评估的一些观念与民主的特定观念是兼容的，至少在逻辑上是一致的（我们会通过下面章节的具体案例来尝试去证实这些诉求。非民主社会的评估需要不同的论证方法）。

在民主条件下,我们如何考虑客观的价值诉求?一般民主观念是政府层面的形式,包含实现政府决策的所有的合法权益。当然,这种宽泛的民主观念在不同的具体概念解释上还有改进的余地。古德曼(Gutmann, 1987)认为民主的核心要求就是公民集体协商,社会政策是一种"有意识的社会再制"。除非每个公民都能有意义地参与其中,不然政治决策就不能达到理想的民主状态。当少数人就社会政策进行决策时,就会出现贵族、财阀政治或技术官僚,而这些倾向的判别取决于权威的来源到底出自才能、金钱还是技术。

古德曼的理想化参与民主要求较高,并不可能在现实中真正完全实现,但始终有多少折中的达成方式。我们需要的民主理念认为反思性协商发生于不带偏见和不偏颇的情况之下,最终的结果也是公正的(客观,不偏不倚)。为达到不偏颇的诉求,在我们看来,研究必须满足一些条件:包容,对话以及协商。首先,在做社会政策的决策时,所有公民的利益和观念都应该包含其中,不论是直接参与,还是间接通过代表进行表达。其次,这些观念和利益都应该在对话的过程中出现,而评估者需要注重局内人的观点和利益。再次,这些过程应该是经过深思的。观念和利益不应只停留在表面,而应该反复推敲,直至达成最保险的结论。

就我们的观念来看,参与者仅仅提出他们的观点和偏好是不够的。他们的观点和偏好应该是议论和理论分析的主体。决策者和研究者不能在没有与其他参与者充分对话的情况下来决定参与者的观点和偏好。对话不足会滋生家长式作风,并可能错误地理解参与者的观点和偏好。这对复杂的政策和项目来说尤其冒险,因为此时利益相关者力量微弱,言论无力。故而,健全的民主要求包容,对话和协商。

我们在本书中分析了与协商民主观念不同的另外三个概念。这些观念会造成不同方式下结果偏颇的倾向。我们所谓的情感民主为实践和价值诉求划出了明显的界限。经过理性分析，我们对现实诉求的客观性才有研究。该观点认为价值诉求和偏好都没得到认知支持，但多少就如给定条件一样。评估也许会受限于有条件的论述："如果崇尚 X，就依照 Y 行动。"

该论点认为，协商是一种让利益群体的政治偏好得到认同的过程，所有的利益被视作独立的"特殊利益"。该论点的优势在于它看起来并不像我们目前运作的政治体系——是利益群体间的竞争。在大部分的时间，该观点预期的接受条件是存在的。这种观点的问题在于它有维持现状的倾向。在不经意中，它给予当权者很大的优势——因为当权者在利益竞争中处于最佳位置，有利于其表达他们的利益。而该观点的支持者很可能会说这是政治世界运作的方式，即使这种方式是残酷的。

另一种民主观念是吸纳所有的诉求，包括所谓的现实和价值诉求，而且都平等对待。超平等主义不考虑权威和专长，即便是评估者和社会研究者的专长。参与者有权利同等地表达他们的诉求，且不论他们的诉求如何，也有同等的权利使得他们的诉求被接纳。从某种意义上来说，在该种论点下，所有的诉求都被平等地对待，甚至不论这些诉求是现实的或是价值观方面的。

该论调下的协商并不局限于惯常的结论——必须达成一致，但由于所有的诉求都是平等对待的，故而禁止根据现实或客观来决定诉求的价值。事实上，在一些情况下，并没有可以对照的客观真理或外部现实，只有个人的建构。

超平等主义确实有赋予所有参与者平等权利的条款，这也是出于实现完全协商和对话的重要考虑——给予无权者表达诉求的机会。但是，这种观念下的协商过程缺乏理性的评估标准，不能对这些诉求本身的内容进行合理评估。故而，不可避免地被当权的利益相关者所主导，因为连评估者都没有权威来裁决参与者的观点，实际上他们与其他参与者的地位一致。因此，希望通过公正的协商来达到无偏的结论再次被当权者的利益所阻挠。

第三种民主观念来自于后现代主义。它鼓励多样性的表达，并将超多元主义视为最高目标。该观点认为所有由权威建立的"真理王国"都会使一些群体得到特权，而使其他群体边缘化，故而应该鼓励差异的无限繁衍。超多元主义强调不同视角的表达，并给予它们如此行为的权利，并对不同论点的表达不设限制。它们认为阻止不同观点，从而达到一个所谓"正确"的结论会抑制部分参与者。真理与客观的标准值得怀疑，也不过是特殊利益的表达而已。

在超多元主义的观点下，扩大差异会阻止当权者，反对所谓的真理权威，故而是一种解放。这种民主观可被视为"后民主主义"。民主主义会假设在联合审议的过程中，政府的权威会受到一系列共同程序规则的限制。超多元主义不会阻止任何辩论和审议。后现代主义者会说，无限的差异性是后现代社会的未来。

就我们看来，超多元主义并没有诱导政府，也没有达到我们所理解的民主。它并没有为评估提供一个非常满意的基础。很难想象评估的过程主要是扰乱和解构，尽管一些拥护者为后现代评估开发了更多的建构准则（Stronach & MacLure，1997）。

选择的民主观对研究的开展和呈现都有极大的影响。研究的内容限制了由评估者从不同渠道获得的现实-价值诉求，有时会使得结果偏离公正。包容、对话及协商会获得无偏的结果。

在更细致地研究这些理念之前，我们将在下一章寻求解释——观察评估者如何最终得到合法的评估结论。而价值诉求由专业人员来判定，应不会出乎意料。这是一个推理过程，而经验性的论据由评估团体来评判。

2. 评估推理

　　评估者如何合法地得出评估结果？根据斯克里文（Scriven，1980，1991）的方案，关于评估的基础表达式应是"X 表现良好（糟糕）"，或有其独特的方程式，"X 比 Y 更优（差）"，或是"X 物有所值"或是"X 中的这些部分是好的"。有时，评估结论也许不会使用好或差的评语。在一些特定的环境下，会使用其他词或短语。即有时评估结论会从评估对象的论述中析出。例如，在某些情境下，"这辆车开起来像梦一样"就是一个评估性的描述，尽管这些用词与典型的评估用词不同。

　　故而，具体情况具体分析，"纽约不适宜居住"在典型的情况下就是一个评估性论述。"不适宜居住"被作为术语进行具体的定义，例如拥挤、犯罪、昂贵。技术性的哲学术语对评估论述以及事实的关系界定认为，"不适宜居住"的概念将被归于自然的、现实的条件之下。例如，我们不会说"纽约不适宜居住因为它有大量的戏剧表演和艺术展"，这并不是我们所说的"不适宜居住"的意思。这些数据和论据都不支持"不适宜居住"的概念。

　　而也许有人可以这样说"纽约不适宜居住，因为有太多的艺术展，让我都不知道该怎么办。我真希望我住在塔斯克鲁萨"。但这种特殊的解读并不能改变我们通常对"不适宜居住"的定义。也许有些人会认为如果纽约不是这样的拥挤、昂贵、犯罪率高，他们也不会想住在其他的地方。也许人们同该评估的理由不同，但并不能就此认为这个论断是主观的，或论据是主观的。

事实上，这意味着评估者的工作并不简单，而很多评估的论断在本质上带有争议性。会有来自双方的论据。在就这样的诉求进行证明时，评估者需要搜集大多数人或是受检项目受众的数据。例如，住在摩天大楼、由保安保护的亿万富翁的观点就不应被视为典型观点，在做判断时应不予考虑。

评估者也不会这样来总结"从罪犯的角度看，纽约是个不错的城市"，即使事实确实如此。当然，如果评估者被黑手党雇用，来提供最适宜犯罪的城市评估，这样的论断也许是合适的——或应该的。评估者是否只对委托人或是资助人具有义务，还是他们应该对社会负责？尽管我们也许会关注黑手党对这个令人失望的评估结果做何感想，但不能否认他们也许会阔绰地资助评估。而评估者的社会义务是复杂的，我们将在后面进行讨论。

对某些事务提供一个评估结论也许是简单的，但对其他事务的评估也许是困难的。在日常生活中，我们的评估论断并不需要提供论据，也不需要被支持。"好电影""我们去拿些饮料吧"，诸如此类不需要任何的证据、详细解释以及正当的理由。但在专业的评估中，评估者的论点必须有支撑论据，当然这些论据或充足，或无力，可能会有多种形式。在正常情况下，论点必须与评估拟定的标准一致，其优点、价值的论断必须有明确的标准判定，有时还需提供正当的理由进行支持。(Scriven, 1980)

如佛力尔（Fournier, 1995）所描述，人们普遍接受斯克里文作品中所提出的基本逻辑的推理，它包括四个理想步骤：

（1）提出指标；

（2）建立标准；

（3）根据标准测量绩效；

（4）综合与整合指标判定的数据。（但参考 Stake 的整体主义相反公式显示，"判断力是判定价值的自然道路"；Stake et al.，1997：99）。

例如评估一项产品。评估的标准必须要考虑该产品的本质，以及它的设计功能。这项产品的特定特征是客观存在的，如汽车的可驾驶性、安全性及价格。当然，这些标准因人而异，但须合理相关，考虑这些特点时，它们必须客观存在。在产品评估中，评估者应作为一个普通的使用者，需要毫无保留并使用产品设计中所设想的所有功能。当然，标准是参照使用这项产品的普通消费者来设定的，同时，一辆汽车的安全性是根据"普通使用"的条件来决定的，同时大部分的内容其实是早已设定好的。

现在质疑者可能会说"我希望我的轿车能拉动我的船，而我的船正好是一个 J 级的竞技艇。没有哪辆轿车可以拉得动"。当然，这些人只是我们想象中的特殊用户，但这些特殊的用途并不是轿车的普通用途，我们不能因为这辆车不能满足这样特殊的功能而评价这辆车不好。我们也不能说这个评估并不客观，因为它没有考虑到这些标准。从某种程度上说，标准的客观性是由普通消费者的需求决定的，而不是由某个潜在特殊消费者的想象出的要求来决定的。

这是一个重大的议题。因为我们能够构想、想象或幻想某项产品和项目所能遭遇的特殊条件或目的，并不意味着评估必须要考虑任何所有的情况。产品并不需要满足幻想出来的所有需要，来说明评估是客观的。事实上，在大多数情况下，我们只需要考虑普通的客户和基本的使用方式。哲学家习惯于将所有事物进行推广。在评估者生活的现实世界中，既不需要，也不用幻想去满足所有的可能，因为逻辑上可能的幻想世界需求太多。

但必须考虑被考察的对象是否具有某项功能，或被设计去满足特殊的需求、愿望或目的。这时的决策取决于选择的标准是否适合

18

这个评估。实地测试能检测该项产品或事务是否满足某项需求或构想。而这些事务是否符合要求则是客观的事实。

但假如，当轿车的目标明确时，我们也不能就将标准设定为安全、舒适、值得信赖。标准的设定，还需要考虑人们的其他需求，如希望宁静生活不被伤害。那么除了满足它所设计的需求目标以外，满足类似这样的需求并不是主观或无端的。事实上，如果考虑驾驶者的特点，或是安全数据，一些轿车可能比其他轿车安全。

当然，有时标准之间会互相矛盾，所以我们必须在反思后进行判断。更安全的轿车也许更重，而且对环境的损害也更大。结论不会自动宣读，正如需要借助体温计来读体温一样。即便所有的标准都是适合的，我们也必须常常区分重要的标准和不太重要的标准。在轿车的评估过程中，我们的排除法通过比较车型或价格（重要限制）来缩小范围，或是采用对所有相关标准进行分级评估来帮助消费者个人来评判哪些标准才是最重要的。

评估的受众与利益相关者

评估的逻辑十分复杂。假设我们在评估一项由国家自然科学基金支持的科学教育项目。我们在选择适合的标准时不仅仅要考虑项目的性质。我们也许还需要向该项目资助方——国会，进行解释。我们也许需要让项目的参与者明白事情的原委。或者我们需要向国家自科基金委员会的相关管理者进行说明。

这些受众都需要不同的信息。也许一些信息对他们来说都有用，国会希望了解到项目的"影响力"——参与的教师数、影响的学生数、考试分数的提高程度等。项目管理者需要知道他们项目中的哪些部分有效，而哪些部分无效，从而能进行调整。国家自科基金委员会的官员希望知道他们如何能将投资转向更成功的项目中去。现在，我们也许能想象到所有的潜在受众，而为每一方设计出一个评估，但这是一个现实的世界，谁有资源来开发这样的评估呢？同时，即使我们有这些资源，同时开发多种评估也是浪费的。为什么要为想象中的受众搜集数据呢？

我们也能分辨受众和利益相关者。受众是那些阅读评估报告的人，也许能将其加以利用；而利益相关者是那些利益受到产品、项目或政策影响的人。受众常常是利益相关者。而利益相关者也许从未读过报告，即使他们的利益与此息息相关，例如教育项目中的孩子，或是医疗项目中的患者。也许他们的利益应该是最重要的。每个不同角度的利益相关者都应纳入评估的考量中。

我们可以设想评估者为不同的受众建立了论据，以便显示项目是否成功，这些论据应涉及利益相关者。（House，1980）忽略重要利益相关者的利益将会造成不恰当评估（带有偏见）。当然，一种策略也许是为所有的受众提供满足所有标准的数据。但一项评估所有的资源远不能提供所有可能受众所需求的论据。故而重要的问题是，谁是该项评估最主要的受众和利益相关者？明确了这些，对确定评估指标来说就是进了一大步。

例如，在我们之后详细讨论的案例中，卡尔森（Kaelsson，1998）就瑞典社会护理服务项目的评估涉及几个利益相关者群体，如关注经济效益的政治家、关注项目控制的项目管理者、关注护理指导规范的社会服务专家，以及一些家长关注专家是否对他们的孩子特殊照顾，以及参与其中的孩子关注是否能与他们的校友联系。这样看起来应该要搜集有关这些主要群体关注点的数据。

这样，受众及利益相关者的价值和偏好难道不会影响到评估标准的设定以及评估过程吗？在某种程度上看，评估最终确实是独特而不完善的。它不可能包含所有设想的标准、受众和利益相关者。而受众和利益相关者的选取也并非随意为之。并非任何受众和利益

21

相关者的关注点都要予以考虑，也并不是一个受众的所有标准都要包含到评估中去。项目的性质、功能、进展——这些也是关键性的考量方面。

细化受众与利益相关者涉及的评估内容，明确这些内容是十分重要的，包括明白该项评估的目的以及评估结果的使用范围。专业评估并不发生在真空里，也并非为个人存在。评估实际上是一个社会认知的过程。环境会影响指标选取、数据的搜集、分析和解读，以及向其他人群发布结果。当我们为项目和政策的优劣提供论据时，我们已经在设计评估的过程中。论据中的漏洞在何处？论据中需要强调哪些方面？主要受众信赖的论据是什么？是否涉及其他利益相关群体的利益？最终，评估者必须将所有问题集中考虑。

为了说服别人而寻找论据并不以为这夸大其词。虽然受众认为最具说服力的事实和论据不尽相同，但论据还是反映了事实情况。例如，项目参与者可能认为对少数学生的深入访谈能提供最能说明他们所寻求的数学学习的辩证思维，而国会却认为少数非正式的访谈并不具有说服力。但不论是非正式访谈，还是正式的指标都能反映项目的成果，只不过是从不同侧面表现而已。

主张要点

让我们用哲学的方式思考这个问题。"是好的 X"和"从 Y 的角度看是好的"这二者是有区别的，前者表示事物完满地扮演它的角色，后者表示它影响了 Y 的利益。（Urmson，1968）我们也许会说，"这条路很好"是表示这条路具备了一条好路所应该有的特征。

22

这条路又直又平坦。这是"是好的 X"的评估模式，多见于产品评估中。

然而，"从农夫的角度来说这条路是好的"，思考这句我们发现，农夫认为路好是因为产品可以轻易地送到市场，而不是在说路的品质或者说路作为路的本质特征。从农夫的角度来看，路的存在是好的（符合了农夫的特殊利益）。当我们进行产品、项目和政策评估的时候，这些评估都存在不同的利益，评估变成"从某个角度看是好的"——利益相关者的视角。

两种模式在专业评估中都很常见，但有些时候容易混淆。我们经常听到评估者争论目标对象有某些特征或功能（医疗项目应该治疗耐心），还有人争论评判标准应该根据利益相关团体的角度得出（为他们的利益服务）。事实上，我们可以运用多重评判标准在一个评估中解决上述两类问题。评估变成了实体特征和相关者利益的复合体。

当然，二者的结合是有意义的。好路的特征是那些典型的驾驶者希望路所具备的条件。好事物为典型的或隐性使用者服务。从某个角度看来好是为利益服务的，使用者更为特殊。"各抒己见"的观点在复杂的实体中尤其重要，这些实体对不同团体有不同影响。

进一步使问题复杂化，这里有农业、经济、政治、美学等多种批判视角。（泰勒，1961）例如，"从农业方面来看这不是一个好政策"。我们从农业角度得出的标准要比农夫的观点更为抽象。"从农业角度来看新西兰的出口政策很好"——这种观点促进了农业的利益。

这些看上去与评估无关，实则不然。许多项目和政策都是使用经济视角，而不过多考虑其他特殊利益。另外，经济学标准通常不做详细说明就直接应用到评估中。前提假设经济因素很重要。我们可以推测这反映了经济机构对社会整体的普遍影响，就像我们推测宗教的观点不适用于现代的评估一样。

通常采纳的观点并没有明显的受益团体。"从农业的角度看是好的"观点意味着大多数人获益而不是小部分人。利益相关团体之间

23

存在利益冲突。为避免产品评估中的此类问题，我们以典型消费者利益为最主要的参考条件，从而使消费者和生产者的利益选择更加清晰。消费者的角度和像通用汽车公司这样的生产者的角度对于什么是一辆好车的问题存在很大的意见分歧。

在政策和项目评估中利益冲突更为严重：不同的政策和项目对不同的群体有不同的利益影响，这是评估会建立利益相关者评估概念的主要原因。（Bryk，1983；Weiss，1983）制定适当的标准成为评估演进的一部分。

总体而言，制定标准至少需要以下几个条件：

■审查产品、项目或政策

■协商公认的评估模式

■询问潜在的受众，包括当事人

■询问利益相关者

■考虑机构观点

■判定接受者的需求

■考虑项目和评估的内容

■了解相关主题研究的文献

■考虑社会理论，例如公平和性别

事实上，罗杰斯和欧文（Rogers & Owen，1995）考察了无数潜在的评估标准源头，其中任何一个都必须认真对待。

我们如何应付这所有的要求？我们如何把所有考察点汇总？一般而言存在正式和非正式两种方式。正式方式是依据评估委员会的指导原则——经过内部无数次的讨论。这些指导原则包括评估模型和数据收集和分析方法。这些正式的知识是评估者训练的基础。更新的指导原则包括道德准则。在提出标准和联合结论较少达成一致。这些程序也缺乏正规形式和严格的观察研究。大多数情况下，我们都是求助非正式的推理。

一个案例

想象一个教育评估项目，对三年级的读写能力提出整体上的指导意见。一方面，评估者必须进行长期和短期结果的比较。教育项目可能有助于学习的乐趣和更好的语言学习技巧，但是基于标准化的阅读测试并不比结构化的项目更具收益，尤其是考试程序和答题要点。评估者清楚了解项目的延续取决于评估者向管理委员会的保证项目正在发挥作用。学校董事会成员想了解评估结果，也许州的测试显示它们的学校不如附近区的学校。家长更关心他们的子女是否能够更快速地阅读。

评估者必须发现并牢记这些诉求。他可能会建议明智的做法是针对长期和短期学习特征使用不同的成功评判方法。但是，全州范围的考试是经政府授权的，所以很可能只有一种方法。评估者会观察考试中包含的项目以及它们是如何反映阅读效果的。为与其他方法取得平衡，学生的课业被专家组按年级分类，这些样本会显示整体性的学习效果。与家长、学生和教师的访谈会揭示孩子们对项目的热情程度。在家里他们的阅读量如何？父母有多少帮助？他们的行动多大程度上与整体性阅读保持一致？

在进行资料整合的时候，我们会发现其中包含很多相互冲突的信息。一方面，也许学生的考试成绩略微低于区考试成绩。这能用过去的表现和因素，例如，社会阶层来解释吗？这能用考试内容与项目内容有关解释吗？另一方面，也许一个学生的课业表现比其他的学生优异，他们的父母认为他们的孩子热爱班级而且他们帮助孩子完成家庭阅读任务。评估者对这些信息进行分析的时候，必须考虑如何进行组合。许多考虑因素涉及特殊的事实和标准。例如学生的作业有多优秀，他们的父母有多关心，考试成绩有多糟糕，考试本身质量有多好，总体上看长期表现与短期表现相比更为重要。

由于这些因素具有很大的片面性，同时与其他片面的因素相互影响，项目价值的判定很大程度上取决于内容。事实上，当我们取得特殊的、具体的信息，内容的判定变得非常容易。在具体情形中，我们能够理性地判断各种因素是如何交织出它们做出的结论的。在其他情况下，这些因素可能会以另外的方式相互影响。也许其他教师不会牵扯进来，也许考试内容会有不同，也许父母的期望会不尽相同。

考虑所有这些因素，评估者构建特殊的情境包含加权标准，事实和利益，甚至相互矛盾的因素。换言之，评估者用自己的术语重新描述一个一致的情形。这个描述不同于随处可见的对整体性阅读机构的价值的一般性描述；而是在此时、此地、此种环境下，该项目的价值的描述。

因此，评估是独特的。评估的普适性要视所在的背景和问题而定，因为确认和解释相互作用的因素存在困难。普遍性不仅仅是问题的样本，而是实质的问题。不仅不同的环境下影响因素不同，而且在不同环境下我们给予的权重也不尽相同。如果评估者遗漏了重要的事实或标准，那么评估就存在争议，一致性的描述也是伪造的，或者是由于评估者过分强调其他因素，使描述看上去保持一致。评估不可能消除冲突，而是在考虑到冲突的前提下，根据实际情况做出最佳的判断。

来看另外的例子。长期训练和短期训练哪个更好？此种情形，评估问题很难回答。什么样的训练、为什么人、为什么目的、要什么样的结果、以什么样的成本，如果缺少甚至没有这些背景信息，对评估而言问题就太开放以致无法回答。无论如何必须对背景做出定义；例如，"国家科学基金考虑为数学和科学教师提供夏日训练机构，问题是2周还是8周的研讨会更好呢？"，背景提供的特殊性和

限制性使评估成为可能。否则，评估问题过于开放导致考虑过多可
能性而又无法给出判定。

背景协商

一般认为评估者在一定的背景条件下协调来自各方面的可获得
信息从而做出整体性的评估。通过实质性的协商，在这个过程中处
理特定的事实、标准和利益，评估者对项目、政策和人员的优点和
价值做出判断。（Hurley，1989）

这里有两个重要思想：在给定的背景下做评估和保持评估的协
调性。一般而言，最好的评估能够把所有的都协调地整合在一起。
然而，如果评估者在遗漏相关的重要事实和标准的情形下达成一致，
那么这样的评估存在争议性。当然，任何描述都不可能百分之百地
一致，因为评估者要面对矛盾的标准和利益。

我们没有必要树立一个评估者呼吁的统一标准，尽管人们看完
本书的研究会产生这样的想法。然而，评估者必须根据具体的情形
确定特定的标准和事实。事实上，正是背景条件的限制才使评估者
成功地做出判断成为可能。对特殊事实和标准的考虑促进了更好的
判断，因为这样做限制了对不可能的复杂性无穷的追问。

协商的过程分几个步骤。（Hurley，1989）首先，我们必须对概
念进行推敲。对评估者而言寻找适用的标准——通常这并不容易。
评估者对情境进行研究掌握基本问题，包括相关问题。指导原则会
提示评估者必须考虑的标准。例如，"评估中考虑主要利益相关者的
观点""项目的评估标准与目标相联系""分析项目目标"。

这些考虑因素来自评估共同体认可的一般性因素。专业评估者
共用概念和实践，包括建立评估模型和数据收集程序，这些是他们
通过教育或者经历所得，也有一些来自所隶属的关系中。在这些知

识的基础上，讨论使用什么概念和实践。可选择性和可比较性依赖于评估中特殊方面的发现和说明。成绩和学生表现，长期和短期收益，学校董事会和家长这些对评估者而言都是耳熟能详的概念。

其次，协商的下一个阶段是使这些一般性考虑内容具体化。准确来说，谁是这个案例中的主要利益相关者？项目的目标是什么？预期得到什么样的结果？这些考虑要素涉及为特殊的人在特殊的背景下提供特殊的事实。所以评估者要进行一个总体设计，通过对事实的普查筛选值得考虑的要素并给予一定的权重。

如果要素之间很适合，我们就没必要进一步说明，但是通常要素间充满矛盾。家长与学校董事会具有不同的预期。家长也许希望他们的孩子读写能力更强一些，而学校董事会可能希望更高的分数。在冲突的情况下，更体现出评估者的价值，此时需要评估者提出评估标准、原则和目的从而指导实践。要素的侧重和权衡要考虑其他案例中的情形。其他研究中是如何平衡长期和短期结果的？在其他地方是如何处理相似案例的？此类评估过去遭受怎样的非议？相似项目中的知识对我们是有用的。

我们通过详细地定义表现建立标准概念。表现是如何判断和测量的呢？评估者考察标准和数据间的关系，或许次等级的与其他的关系，也或许通过之前的研究和类似情形下的研究决定标准。最终，评估者形成各种要素间关系的概念。如果考试分数比对照组略低而整体得分显示此组学生的写作更为优异，评估者能判定项目是成功的吗？评估者必须平衡长期结果和短期结果以及其他不同测量方式得到的结果。每种结果如何衡量呢？

另外，具体的信息对评估做出了限制。项目中那些特殊的教师完成情况有多好？有多少奉献精神？评估者收集数据，理解标准间的关系同时做出最佳的结合。最后，评估者得到总体性的假设判断，多数情况下判断的质量是很高的（当然，这个过程要比理想化的推

29

理过程混乱得多)。

最重要的是这些考虑因素基于本质的问题,更关注特殊内容问题而不是正式程序。一方面,评估者传承的实践证明多数情况都是如此,他们为评估者提供了什么样的判断是合理的起点。另一方面,评估者必须对背景和项目的实际运作了如指掌从而做出有指导性的判断。一旦了解了详情,他们能够更清楚地知道哪个设计方案、测量方法和数据收集程序更行得通。

评估者可以制定多种相关性标准和利益并将它们融合到全面考虑的判断中,这样所有的观点都合并在一起相互发生关系。他可以融合考试成绩和面试数据、短期学习和长期学习、家长利益和学校董事会利益以及孩子的利益。

为了实现这点,评估者必须做出评判。就像球场上的裁判,评估者必须遵循一整套的规则和程序以及要考虑的基本要素——不是什么都要考虑。评估者的评判必须在背景的限制下得出并被实践接受。两位不同的评估者就会产生两种不同的判定,就像两个裁判一样,但是可接受的解释是有其限制性的。在这种意义上为评估者留下了评判的空间,协商的过程是个人的。在这个意义上实际情形是一种约束机制,判定是专业的 ——这并不是否认一些评估者比另一些更适合。

30

评估者们关于系统性的最终评估假设是什么样的问题存在异议。例如,斯克里文(Scriven,1994)认为评估推理可以缩短为三个步骤——测试、复核和假设——通过标准程序实现"尝试性的推断"(鉴于没有强有力的证据否定推断结论,那么结论似乎就是合理的)。相反,斯塔克等(Stake et al.,1997)认为这些判断过于原则化。他们认为"感知性判断"是评估至关重要的部分。评估者体会到某种东西的品质从而在他的报告中开始阐释、详细描述这种品质。但是结论描述并不是通过标准化的程序。评判在先,标准在后。

在以上两类案例中，评估者必须对没有清晰专业准则的领域做出许多判断。不管评估中使用什么方法，很难想象不这样做会变成什么样子。个人责任对评估者而言，就像医师每天都要诊断大量的病人，希望他们尽快好转。外在的评论有助于消除不公平。

以上就是我们第一部分，大概介绍了合理、专业的价值判断的形成过程。我们将在第三部分展开论述。在这之前，在第二部分我们将评论其他评估理论是如何构建事实价值区别，它们是如何处理评估和民主间的联系，以及如何看待评估者的角色。

中篇
对其他观点的
反思和批判

3.传统观点

自 20 世纪 60 年代以来，"传统观点（received view）"作为一个独立的领域出现，并逐步发展成为评估理论中有关价值角色分析的主流观点。传统观点赞同某种形式的事实-价值的二分法。尽管如此，这并不意味着传统观点的拥护者都是实证主义者。事实上，一些传统观点拥护者坚决反对实证主义的知识观。但哪怕以微弱形式坚持事实-价值的二分，都会误解评估中价值所扮演的角色，从而导致不太理想的实践。

分析传统观点的论点时，我们首先聚焦于坎贝尔（Campbell，1974，1982）和沙迪什、库克和列维（Sladish，Cook，Leviton，1995）。其他拥护该论点的理论家也十分优秀，我们选择这几位先驱的作品进行分析主要是因为这些理论家在早期就发表了一些有关评估的优秀作品。即便在此我们批判他们的价值观，但这并不意味着否定他们的贡献，也并不阻碍他们成为该领域最优秀的学者范例。我们只质疑他们作品中的一个方面——他们看待价值的视角。

这里是本章论据的概述。坎贝尔反对实证主义的原则，并坚持知识没有基本结构，仅仅通过观察无法证实或反驳知识观点。而知识观点需要与其他知识命题进行验证，才能判别他们是否具有一致性。

但坎贝尔（Campbell，1974，1982）的价值观却不同。他明确地支持事实–价值二分法，他认为我们不能理性地论证价值，但可以依据不确定的论据来接受或否定它们。故而，当我们来分析评估项目时，评估者只能判定在相对的目标（或价值）下，项目是否有效，或是否比其他项目更有效；他认为评估者无法理性地评估项目的潜在价值。也就是说价值诉求与知识诉求在认识论上具有差异性。

显然，这种定位缩小了评估的可接受范围。不能批判目标，以及预设的基本前提将评估者禁锢起来。那么项目或是政策的最重要部分也许不能被检测。在我们的事实与价值观下，评估者可以审视参评项目或政策的目标和价值——事实上他们也经常这么做。

亦有传统观点的一个更新版本。沙迪什等（Shadish et ol. 1995）认为实践（比认知）基础更为重要。他们认为现实中存在这样的问题：评估者在价值观上差异巨大，很难达成可接受的价值结论。而如果评估者达成了实质上的价值结论，决策者及其他人也不一定将这些结论视为合法。他们也许会认为评估者将自己的论点强加于人，而非以专业操守来进行操作。

故而，评估者应该将价值描述区分为描述性评估（descriptive valuing）和规范性评估（prescriptive valuing）。在描述性评估中，评估者主要报道其他人对该项目或政策的评估。而规范性评估，将基于实质性的价值基础，而最终做出明确的评估值结论。它应该只在有明确重大价值协议存在时，有节制地使用。事实上，评估者最希望能在大部分案例中实现的是达成类似以下的结论——"如果你重视 Y，显现出的实际情况是 X"（if you value y, then x is the case）。评估者为每个主要利益相关者群体都提供了项目或政策的信息，这些信息都符合这些群体的价值取向，而非评估者"指定"了这些价值。

我们将这种传统观点的版本称为价值极简主义（value minimalism）。价值极简主义与史上极端的实证主义的价值自由主张类似而不同，后者坚信事实-价值的二分。坚持价值极简主义承认评估中价值观存在的重要性。例如，他们接受评估作为一种职业必须有道德标准。实际上，沙迪什帮助美国评估委员会设定了这样的标准。虽然如此，他依旧认为这种评估标准应该被无限弱化。

我们认为价值极简主义源自两个先决条件：（1）价值观本质的无法判定性；（2）民主观念的感性（或偏好）。第一个论点理解起来很简单——社会价值存在太多的争议，难以选择评估的基础。第二个论点关注的是评估的民主基础种类，即利益相关者的利益该如何显现和处理。

通过比较，我们认为许多评估性论断也是事实和价值的混合体，且常常无法厘清。同理，完全区分描述性评估和规范性评估也绝非易事，因为二者也常常混合一处。事实上，评估者可以通过遵从专业的评估程序来达成评估结论。但是，这些程序需包括一个可供操作的、明确的价值框架。

首先，我们质疑事实和价值论述可以准确地二分，或描述性论断仅仅是描述现实。在特定的情况下，例如评估报告中，关于背景、项目、政策的描述既非是价值中立的，也非纯粹的描述。实际上，他们在报告的语境中已然带有评估性。评估者运用他们的能力来强调评估的结论，即使看起来使用的是描述性的论述。相反地评估性的论断也常常是描述性的。

其次，我们质疑有关价值争议太多的观点，实践中的解决方法是提供有条件的价值结论（"如果你重视Y——标准，那么X是良好的"）。沙迪什等人坚持认为评估者呈现更多的结论性价值论断是不现实的，因为决策者明白价值差异的存在。否则，他们也不用听取

36

评估者的意见了。

我们的相反观点是实用性本身并不是进行评估的充分理由。我们必须质疑，为什么要提供实用性？也许实用性会导致不良后果。将实用性作为评估的有限标准意味着评估者必须满足用户或决策者所提出的任何需求。评估应该置于更高的社会目标之下，而不仅仅为权势所用。（当然，仅仅批判将实用性列为目标是不够的；我们必须明确我们所设想的社会需求）我们再转向传统观点对价值的具体特征描述，这是我们需要仔细考虑的。

激进的不可判定性论断

激进的不可判定性观点认为，普遍的分歧是价值所特有的，也是不可消除的。该观点讨论了其间的分歧，并提出了解决分歧的路径。尽管二者之间是清晰可分的，但我们很难将其分开。所以，我们先讨论分歧。

价值的不可判定性阐释

关于价值不可判定性的最清晰和最简洁的描述是由杰出的评估理论先驱唐纳德·坎贝尔提出（Donald Campbell，1982）：

描述性科学和形式逻辑的工具帮助我们形成价值判断，这些价值判断或是我们已经接受或是我们选择的结果，但他们不是这些价值判断的构建者。最终价值被接受了但缺乏正当理由。(p. 123)

坎贝尔明确主张逻辑实证主义及其前身关于事实价值的区分(p. 123)。像实证主义一样，他意识到描述性科学和价值之间存在相当大的认识论鸿沟。价值没有认知基础从而不可判定，它们只能被"选择"和"接受"而不能"证明其合理性"。它们无法用理性研究、讨论和确定。

　　实证主义关于事实和价值的认识论区别的基础是什么？我们将在下一章充分论述实证主义关于价值的概念。我们在此提及价值的概念源自实证主义的思想核心可证实性：为使判断具备合法的知识资格，为使判断具有认知的有效性，主张判断必须经受直接观察或形式逻辑的检验。（注意：这与坎贝尔的"描述性科学和形式逻辑"相似）

　　由于价值主张通过上述方式既不能证实也不能证伪，所以实证主义认为它们缺乏认知内容——根本不是知识，而是情感表达的伪装。因此，实证主义关于事实和价值的区别是其方法论的必然结果。实证主义的方法推论与坎贝尔的整体观点前后矛盾。

　　坎贝尔是早期有影响力的社会研究领域实证主义的批判者。他拥护库恩在《科学革命的结构》（1962）一书中表达的观点，实证主义的证实原则是站不住脚的。我们无法彻底地区分经验数据和理论概念与框架。相反，数据和概念经常混合在一起以致科学知识通常有"理论渗透"，或者如坎贝尔（Campbell，1974）所言是被"推定的"。

38

　　证实主义和证伪主义总体上认为，任何观点都要经受其他观点的验证是否具有连贯性和一致性，而它们之中的有些观点（不可避免的）是假设的。事实性主张必须经受更大的实施主体的检验和证明。从另一个角度来看，科学研究中许多观点，包括事实性观点是"公认的但并不需要给出证明"。所以坎贝尔关于价值必须是"公认的但不需要给出证明"。观点总体上并没有对价值观点和知识主张进行区分。在实证主义者看来有些事实也必须是公认的。

　　坎贝尔似乎并没有意识到实证主义认识论与他们关于价值立场间的密切联系，他也没有意识到抛弃认识论也就意味着为保持一致性放弃事实价值相区别的推论。不以可证实性为判断准绳，如同事实不能脱离于理论一样，事实也无法脱离于价值。因此，事实存在理论渗透，事实也存在价值渗透（至少在社会研究中如此）。

考虑到这种联系，要维持严格的事实价值的区分，就需要独立的、非实证的分析或证明。坎贝尔并没有据此对知识给出证明。相反，他与实证主义者的分析和严格事实价值区分保持一致。事实上，我们怀疑独立的事实价值区分能否站得住脚。

我们提出的关于价值的不同描述与后实证主义者的认识论充分一致，而没有逐个调查和评论所有的可能性。我们的观点将在本书中逐步呈现。我们的观点总体上认为评估者不仅是政策和项目的目标和价值进行文献记录员，而且应该是考查目标和价值的批评家，这是评估的一部分。事实和价值主张能够经受更大的总体性事实价值主体的检验。这种观点与坎贝尔拥护的观点在实践和评估者的角色上略有不同。

更近的普遍传统观点受沙迪什等人的著作《项目评估的基础》影响。与坎贝尔区分描述性科学和价值的观点相似，沙迪什等人区分"描述性评价"和"规范性评价"。在描述性评价中，评估者仅限于描述不同利益相关者所持价值观点；在规范性评价中，评估者本质上的价值立场也包含其中——比如，特殊的正义概念（House，1980）。

沙迪什等人认为评估者应该首先将自己限定在描述的范围内，而不是按照坎贝尔的方式从认识论上给出描述（由于价值无法被证明，评估者不能合法地提出价值判断），他们根据实践原则给出描述（由于社会研究中充满价值分歧，评估者提出的价值判断不具有可行性）。在下一节中我们将论述可行性问题，在此我们要追问是否沙迪什等人能够超越科学（描述性评价）和价值（规范性评价）之间的认识论鸿沟，这是坎贝尔观点的重要特征。

沙迪什等人在他们有重要影响力的著作中用独立的章节讨论"知识"与"价值""评估理论的要素"，间接表明他们赞同事实和价值之间存在认识论鸿沟。文中暗示知识和价值是不同的事物。进一步表明描述性和规范性的区别。他们反复强调规范性评价与描述性评价不同，前者在不同的背景下存在明显的价值分歧。

这样的立场并不一定推导出描述和规范间的认识论鸿沟。这也许仅表明规范性评价是应对实践的需要。但是由于沙迪什等人坚持认为可以不带有规范性地描述事物，在某种程度上他们像是事实-价值二分法的某种隐性变体。否则，描述性评价和规范性评价之间的区分无法满足其功能，允许（要求）评估者鉴别和剔除自身本质的价值，仅保留描述性成分。换言之，在他们看来好像描述和价值之间存在认识论鸿沟。

在此基础上建立的评估理论是不牢靠的。在过去的几十年里，描述（描述性评价）和评价（规范性评价）能够成功地分离的观点受到哲学家令人信服的质疑。简言之，描述不仅存在理论渗透，而且存在价值渗透。诚然，许多独立的陈述是完全价值无涉的——例如，"2+2=4""猫在地毯上""乔治·华盛顿是美国的第一任总统"。如果根据这些例子得出描述和评价之间存在明显的认识论分界线，那就大错特错了。知识与当代的、整体的认识论保持一致，与诸如"范式"和"概念设计"相关，语境和背景知识对语句的意义解释产生极其重要的作用。

因此，我们可以设想"乔治·华盛顿是美国的第一任总统"这样的语句在特定的场合、特定的时间和特定的背景下说出来会产生很强的评价性效果。例如，假设在侃侃而谈的交流中我们得知乔治·华盛顿是一个白人男性以及是一个奴隶主。"乔治·华盛顿是美国的第一任总统"对这个国家的诞生产生负面的评价——例如，家长制和种族主义者。正如斯克里文（Scriven，1969）提出的基本要点：

不存在极端的事实语言。就像硬币的两面，有趣的是许多论述在某种语境下是明显具有评价性，而在另一种语境下具有事实性。

41 明显的例子包括智力判断和绩效表现，例如，奥林匹克运动会中的赛跑者。(p. 199)

相似地，评估中我们以看上去好像纯粹的事实和描述为开端，但是这些描述通常为接下来的评估性结论做了铺垫。评估者选择描述改善评估性结论。例如，回想下斯塔克（Stake，1995）对芝加哥小学的描述与他的评估结论前后完全一致。尽管原文也是描述性的，但是对学校的描述中评估性暗示也时常出现。描述性–评估性段落是报告的重要部分，即使阅读者仅仅抓住斯塔克的暗示性信息。事实上，所有掌握技巧具备资格的研究者都是按照这种方式进行研究。如果不这么做，他们的研究就不能保持一致和有效。

问题的关键是语境是如何影响正文中的评估信息。在某种语境下看似描述性的信息在另一种语境下变得不仅具有描述性而且带有评估性，例如，乔治·华盛顿的例子。而且，评估性内容通常是精确描述必不可少的部分。比较下列陈述：

■ "卓尼因为仇恨杀了史密斯"和"卓尼的行为导致了史密斯的死亡"

■ "拉丁美洲的家长积极地处理与学校官员的关系"和"拉丁美洲的家长不积极地处理与学校官员的关系"

■ "项目经理从项目基金中偷了 \$50,000"和"项目经理将项目基金中的 \$50,000 存入他的个人账户"

■ "公立学校的男同性恋和女同性恋感到压抑"和"公立学校
42 的男同性恋和女同性恋经受不同比例的困难"

在每组对比中，前面的描述要比后者更具评估性。但是这些描述并不因此而变得偏袒或不准确。相反，他们描述事情的不同情形，相应地需要不同的真实情况去满足。改变他们的评估性内容就意味着改变所描述之物。更有甚者，明确地改变他们的评价内容，使它们更加中性，这将危害指导实践的能力（Rorty，1982）。在每组对比中，前面的描述更接近问题目标，比后者更有利于改进。

所以，我们再次强调这些陈述是事实和价值的混合体，不是单纯的某一方，或其他的表现方式。这些陈述同时具有描述性和评价性。仔细研究评估报告的内容会发现许多评估报告不管是使用描述还是使用评价都包含事实和价值的成分。我们的结论是评估者应该承认事实和价值的相互纠结。

如何应对不可判定性

之前章节的辩论向事实和价值二分法的认识论基础提出挑战，但是价值领域的"事实上的"不可判定性仍然是一个重要问题。由于提出或拥护不同的价值观（我们通常无法消除其中的争论）致使某些公认观点的拥护者开始争论价值应该被根除，远离事实，并着手研究其中一个方面作为可行性问题。唐纳德·坎贝尔（Donald Campbell，1982）的著作成为阐述公认观点的良好开端：

> 既定的权力架构可以雇佣实用社会科学家、巧用现有的社会科学机制，控制传播渠道，借助实用社会科学的信仰迷信，来维持不公平的、存在偏见的现状……对此我感到遗憾，但未发现自己表达不赞同的最佳渠道是维持旧式的真理建构方式，警示派系的自私歪曲，积极劝解大家重视事实–价值的区分。（p. 125）

此刻，我同意坎贝尔所指出的社会研究存在的严重问题（正如他经常提到的）：出于某种利益的需要，不平等的权力会左右社会研究的调查结果。但我们对事实和价值的完全区分仍有质疑。故而，坎贝尔在"积极劝解大家重视的事实–价值区分"中所提出的完全价值中立的描述，事实上并不存在。消除偏见远不能实现，哪怕是在价值中立描述的前提下进行的分析，都只是为偏见的存在提供伪装而已。

43

例如，当我们提出"人才"的概念时，我们可以考虑下它是否是价值中立的。很难想象如果这个概念不是个褒义词，那是否还有人会对此兴趣盎然。它的评价内容嵌入了一系列的信仰、政策和实践。在评价内容包含着信仰，故而应将它从"描述性科学"中排除掉，但事实上它却暗中用特定的价值观悄悄地影响政策。其他选项包括在制定政策时对人才这个概念使用上进行调查、评估和讨论。

44 沙迪什等人主要通过现实性来解决实际上存在的价值不确定性问题。他们批判那些评估理论家无视现实（尤其是豪斯和斯克里文），后者信任评估者所做出的价值承诺（保证描述性评估）。沙迪什等人观点的基本概要（重构阐释前提）如下：（1）价值领域存在不确定性是事实；（2）任何人都明确这一点，包括决策者和利益相关者；（3）将实质性价值观运用到评估的实施、结论和建议当中去，属于规范性评估；（4）在（1）和（2）的前提下，决策者和利益相关者可以否决评估者在评估中使用规范性评价的部分；（5）故而，带有实质性价值观的评估是不切合实际的。

那么不切合实际的意义是什么呢？具有现实性并非绝对好——当然，其本身是好的。那么，"X符合实际（或不切合实际）"其实是省略语，其本质意义是"X对Y来说是符合实际的（或不切合实际的）"。那么在沙迪什等人的观点中，"Y"表示的是"有渠道获取、听取、认真考虑、对政策的制定产生影响"。不难理解斯克里文（Scriven，1986）反对这样的定位，因为这里的妥协太多。需要评估者接受客户和决策者的价值观及目标，不论它们到底是什么。当然，评估者本意是脚踏实地实现善意的目标，都不希望造成恶果。

例如，测试烟草效果的评估者并非是穷困的瘾君子，尽管最终的评估报告也许会被忽略——研究者也许会被指控受到反烟草游说团的鼓动而得出有偏向的"规范性评价"，因为抽烟本身有害健康。如果"有渠道获取、听取、认真考虑、对政策的制定产生影响"是评估的唯一目的，那么评估者只需要服务于当权者，就现状提供支持论据即可，而这些却是坎贝尔所反对的。

沙迪什等人认为一些规范性评价在某些时候是合理的，评估者应有这样的权限，烟草测试就是这样的特例。我也可以想到其他案例证明规范性评价是正当的——如涉及健康、犯罪、种族、性别主义等问题的分析。当然在专业的操作中，还需要考虑道德因素和法律变量。故而沙迪什等人认为一定的规范性评价是合理的，我们将他们的观点与价值极简主义联系在一起，而不是价值自由主义。他们认为某些规范性评价是必要的。

但还是会出现问题：一旦规范性评价被认为是合法的，那么我们需要阐明尽量降低规范性评价的原因，或是证明它们不会存在太久。现实性的论据不会证明这个立场，因为还有些其他标准——超越了评估者的影响范围——需要解读方案中的 Y——"达到 Y 的可行性手段"。沙迪什等人也许会提供这样的论据，但在他们的论著中没有陈述清晰。

价值命题中不可判定的持久性

为何即使社会科学坚持实证主义和无偏价值，价值命题中的不可判定性还能被广泛接受？有三个因素：首先，支持事实-价值二分的案例是不平衡的。经典的例子强调价值观的差异，忽略价值观中一致的部分。其次，很难完全认识科学本身的价值观是否可以调节，如诚实，缺乏这一点那么系统都无法运转。再次，人们普遍认为知识的深层隐喻是可见的。

事实与价值间有着假定的认识论鸿沟，而对其进行解释时，会采用类似这样的论述"草是绿色的"，而"从道德角度看，堕胎是错误的"。维特根斯坦（Wittgenstein，1960）认为我们经常被不均衡的案例所误导。这也许只是众多案例中的一个，案例总是不足的。

这些案例总是挑选无争议的事实陈述，相对比的是富有争议的价值性论断。再举一反例，如"光由波构成"和"虐待儿童取乐是好的"。在这个案例的比较中，所谓的事实论述比所谓的价值论断更具有争议。选择"堕胎是错误的"来展示不确定性的论断掩盖了普遍认同的价值，而这些价值是社会生活中的特点，是社会生活存在的基础。

类似"不要以虐待儿童为乐"的案例还包括："不要无缘无故的对行人吐口水、推搡和攻击""不要觊觎邻居的财产""不要烧毁邻居的房屋""不要篡改评估报告"。社会的日常生活都不能违反这些基本规则。事实上，在当今的很多价值观念上都一致，同样也有不少公众反对的价值观念。如果不存在这些基本观念，社会就无法存在。

相反，选择"草是绿色的"来描述事实论断的确定性，掩盖了尖端科学中常常出现的分歧。再来补充光的波性论述，我们可以参考诸如太阳系的日心说（伽利略时期），恐龙灭绝的碰撞理论，大爆炸理论。它们曾经都是热烈争议的话题。

不均衡的例证让人们接受认识论对科学和价值的二分。但事实上科学界是相对较小的且与社会相对隔离，纳入的利益考虑也较少，而一些隐藏的分歧并未让公众感受到。通过对比，道德-政治界却是巨大的，纳入的利益考虑多，而分歧也为人所知。

还有科学与价值观汇集的另一处——科学的规范。规范准则如同坎贝尔（Campbell，1982）所分析的那样，是"科学与逻辑的规范性工具"，因为他们是道德-政治性的论述。他们对良好操作的定义符合调整的价值，例如他们对评估进行了引导。让我们对比"违反无矛盾律是不理性的"和"蓄意篡改评估结论是错误的"。重点在于不论是理性和科学，还是道德与政治，都受制于大量的价值观。

第三个坚持价值非确定性的理由在于支持知识的可知性模型

（ocular model of knowledge）——知识的建构如"自然的映射"
（Rorty，1979）。我们只要看就明白草是绿的。也许"禁止虐待儿
童"也是无懈可击的，但在现实中，很多事情开始确定是否能完全
映射其过程。

我们能够看到的和我们不能看到的事务是存在差异的，但它标志
的是知识领域内的差异，而非知识与伪装（价值诉求）间的差异。例
如，如果有人坚持说见过粉色的象群，常见的解释是他们不理性。同
样的，如果有人坚持认为虐待儿童取乐没问题，我们也觉得是不可理
喻。至少从这个角度看，这两个案例在认知上有相似性（Taylor，
1995）。

我们并不是想说事实和价值诉求、科学和政治、描述性评价和
规范性评价之间没有差异。事实上，我们认为这些事务间的差异比
平时设想的要小，因为他们在认识论上的差异比所记录的要小，而
且两者可能会互相混淆。它们之间的差异并不至于导致评估者无法
做出理性的评估论断。

感性的民主概念

在本章节我们讨论不同民主概念与哪些公认观点具有逻辑一致
性。我们相信所有评估者都对他们的研究对社会的影响有大致的概
念，故而民主观念以及评估者在其中的角色都十分重要，即使没有
陈述得特别清晰。公认的观点似乎与我们所说的感性民主［emotive
democracy，该术语受到麦金太尔（MacIntyre，1981）的启发创立或
优惠民主（preferential democracy）］相符。也许沙迪什等人的观点
不同，而我们也不曾在意，尽管他们的论述支持了感性民主观念。

感性民主价值诉求由利益相关者提出，被当作基本价值观（ac-
cepted at face value）。价值观被看作一种价值是有价值的，因为价值

48

041

的诉求在公众领域中是互相竞争的。该观念的优势在于能解释美国现行民主的运作方式，其缺陷在于它过于局限于现状。

沙迪什等人否定了正义的全面论，认为其不适用于评估，因为他们有所指向，但人们也并不赞同他们。然而，感性民主是一个"规范性理论"，也用于指导评估实践，并排斥其他的评估理论学者。留给评估者来承担的两个角色是手段描述和利益群体描述，而这两项在我们看来极为受限。

规范性理论

沙迪什等人将"规范性理论"（prescriptive theories）延伸到更广泛的政治性理论，例如类似罗尔斯（Rawls, 1971）的正义论。他们借助价值的不确定性来说明应该避免使用规范性理论，因为它与鼓励"价值多元主义"之间是互相冲突的（p. 456）。他们从两个方面提出支持：（1）他们认为罗尔斯的理论有"可靠的替代方案"（p. 456）——诺奇克（Nozick, 1974）的理论；（2）"正义之士评估中的一项道德考量，还需要考虑人权、平等、自由和公共利益"（p. 456）。所以，评估者几乎不可能在存在争议的理论中进行抉择，更不用说是在正义和其他价值观中做选择了。评估者只好摒除价值观，并将自己归于"描述性理论"当中。

我们并不认为这些是令人信服的观点。首先，沙迪什等人的论述似乎为规范性理论的采纳提供了一个选择，但实际上，他们只是采纳了他们自己的替代规范性理论（alternative prescriptive theory）：不采纳罗尔斯或相似的理论因为那会损伤价值多元主义。如此，他们并不是不可知论者，因为他们含蓄地反对了罗尔斯的理论，同时也含蓄地否定了诺奇克的论点。

其次，罗尔斯和诺奇克间存在争议，但争议并不能证明双方都不正确。尽管存在针锋相对的分歧，但在解放宣言以及布朗与教育部的对决中的表现是确实正确的。同样，并不会因为当时大部分人都反对伽利略，就否定他对地球绕太阳转的论断。分歧本身的存在并不意味着任何一方可能正确或错误。

再次，罗尔斯和诺奇克提出全面理论，并提供了一系列的概念和准则，如人权、平等、自由和公益。这些理论的重要事件在于它们辨别和排列了多种"价值观"。罗尔斯和诺奇克提出了自由平均主义和自由主义的论述，尽管二者存在分歧，尤其在解读平等和自由方面，他们都对个人所有的权利以及个人"价值观"（如欲望）进行了区分。例如，个人的非歧视权与另一个人在博卡拉顿退休的愿望是存在差异的。那么双方应该产生争议吗？非歧视权应该优于对奢侈退休的欲望。

沙迪什等人的论点将所有的价值观混合起来——正义、平等、权益、生活、自由、利益、残疾人需求、防御、卫生保健、税收等。价值论断的不确定性在此尤其明显：由于价值观之间不和谐也无法看齐，故而共同审议价值观的差异、寻求共同点是不合理的。基于这些假设的民主，其特点是不同的利益群体都在争夺个人利益。

这些竞争其实与价值观的本质无关，因为价值观作为一种价值是有价值的。为了体现民主，评估者希望自己能"描述性评价"，客观描述利益相关者的价值观，并一视同仁地处理这些观点。如果将一些观点描述的比其他观点更为诱人，则涉嫌"规范性评估"。很容易推理出来。

参考以下沙迪什等人关于社会项目的批评语段，他们认为将满足残疾人需求作为社会项目评估准则是不合适的：

> 许多美国社会政策的利益相关者都应反对正义论中有关消除社会不平等的论述，他们通过调整需求取向来提出设想和建议……这项平等主义理论的设想和建议也许在美国的社会政策方面无法实行

（Lindblom，1977）。当政策已制定框架并推行时，政策过程的参与者很少将项目是否满足多数美国残疾人的需求凌驾于其他人的需求之上……近来的经历说明政策多少受到多种因素的限制——国防政策、保健成本、税收、选区选民的优先权（而非残疾人的权利）。基于以需求为基础的正义论选择标准，可能导致政策辩论中的论据差异巨大。这会将评估的有用性降到最低。（pp. 96-97）

尽管已经陈述了一些注意事项——"也许无法实施""也许会导致""会降低"——都传递出一个信息：残疾人的需求无法比其他选民的诉求特殊。如财富榜前 500 名的首席执行官、防务合约人，或是富有的投资商的需求都不会排在残疾人的需求之后。残疾人的诉求应该与其他人的诉求平等，除非他们使用"在政策辩论中使用的条款"。

这种特点是我们政治系统运作的写照，采纳"在政策辩论中使用的条款"，但我们能规定我们的现状吗？我们是否会在战前的南方或布朗之前的时代也这么做呢？如果是，我们应该坚持某种政治框架，它能决策社会产品的分配方式。

51　方法描述及利益群体描述

公认观点认为评估在处理政治系统和决策时的两个角色为：方法描述及利益群体描述。两项角色都源自价值的不确定性和价值极简主义。但是他们在价值观方面所信任的存在（或应该存在）的共同协议极值是不同的。

方法描述是唐纳德·坎贝尔理论中对评估角色的设定。他认为尽管价值（目标）回避的理由与事实（手段）不同，但仍然存在一些目标或许能被"接受"，如改进贫困。评估的角色是去发掘能实现这些目标的手段，然后告知决策者。

由于采纳了价值的不确定性假设，方法描述即使在目标大致不变的情况下，也可以导致社会变化。当协议被打破，就没有可用的认知资源来证明一些目标置于其他目标之前，如消除贫困也许应该置于提高阿斯彭滑雪者的访问量之前。

方法描述的另一个问题在于，相比在民主社会，它在技术官僚社会中将运行得更好（Fay，1975；Howe，1992）。方法描述确实存在运行顺畅度的差异。方法毕竟需要服务于某个目标。采用给定目标——如增加电脑知识——需要重点评估的就是可能完成此项目的有限方法。结果，这样的方法调查已经预先假定了支持项目目标人的价值取向，他们本可将资源用于他处。

利益群体描述与公认观点的更新版本相关。在现实操作中，我们不会为整个社会的整体目标去调查所有的方法，评估的角色是去为利益相关者建构"价值总结"："如果 X 对你很重要，那么评估出来的 Y 比较好"（Shadish et al.，1995：101）。评估知识为决策者提供一定条件下的描述。

这难道是民主吗？民主不是给予每个人平等地发表意见的机会吗？是。这难道不是某个群体将自己的观点强加于他人的幸福生活之上？呃，不是，因为民主的一些背景条件还没有达到。在政治和政策决策中，残疾人不能像其他人一样平等表达自己的需求。如果没有自己配备装备，残疾人不可能有平等的声音。残疾人只能被强迫接受其他人眼中的幸福生活。

一种补救方式是让评估者找出残疾人的需求，但这种补救方式被沙迪什等人所定义的公众观点制止了。（他们认为）应该避免这种方式，因为它会"无限降低评估的有用性"，因其与政策辩论中的话语体系不同。而且，特别将残疾人的需求提出来损害了规范性估值的标准，与正义论的需求取向预设不符。就我们看来，避开需求取向的推理阻挠了民主审议，因为它强化了目前的权力结构。

显然，沙迪什等人会在恰当的条件下引入残疾人的利益（而非需求）。条件是：如果（1）没有违背政策制定的话语体系，而且（2）残疾人的利益不会受到特殊对待——与其他人平等出现在"价值总结"当中。沙迪什等人还加了一个条件（3）残疾人必须自己陈述观点，而非由他人代替，这是为了维持描述性评估而设立的条件。

因此，当评估者扫清障碍，在合法条件下找寻并将残疾人的利益纳入考虑时，必须明确这些利益的分量，以及残疾人的现身说法。这是描述性评价对评估者的限制性要求，"让残疾人现身说法属于描述性评估"。（Shadish et al.，1995：51）

这意味着评估者应该抄录不同利益相关者观点，然后为决策者提供他们的"价值总结"？还是评估者提供一个相关的信息，来促进、探究、编辑、解读、澄清、重组？后者的举动使评估者涉及规范性评估，而在解读他人的观点时是困难的（不可能的），甚至在陈述他们自己的观点时也很难做到。

关于让残疾人现身说法的告诫保证了调查残疾人视角的评估者能在描述性内容下影响规范性评估。如果描述性评估和规范性评估不是不可分的，仅仅抄录内容，评估者只能做一种评估而不会做另一种评估？否则，评估者可以解读他人的观点和利益，而不会冒着被归入所谓规范性评估的危险？

残疾人本身无错，但却并没有站在一个为自己代言的好立场上——他们也许缺乏信息、时间、便利交通条件和政治头脑，也可能不被信任或受到恐吓。简而言之，他们缺乏渠道。事实上，为某个群体拟定长远决策存在危险，例如被误导的家长作风（虽然每个人都渴望充分的食物、居所、医疗以及教育）。我们将在之后再讨论此问题，将对话视为评估的重要组成部分。

总而言之，许多评估者都从一定程度上认可事实和价值是两种不同的事物，在理论和实践分析中应该分立。这种观念与哲学的最佳理念相悖，也许会导致无法达到最理想的行为。它会造成评估者定位于服务用户或决策者的利益，并维护现有的权力划分结构。

相比之下，我们可以断言，不论是事实还是价值（判断）都能在评估研究的背景下找到合理的论据。可以收集到有关评估性论断实效性的论据，它们或支持或否定观点，也存在求真辩论。没有目标或价值能走出审查的边界。它为评估者在这面对面的社会提供了更广泛的角色。即便有这样的角色，评估者也应该从明确、合理的专业框架去处理评估。

54

4. 激进建构主义

本章将重新审视对话式评估。对话观（dialogical view）坚持一个中心假设：在进行评估与社会研究时，必须要在研究主体——参与者之间建立对话关系。事实上，我们所主张的协商式民主观也是对话式评估的一种形式，与其他类似的观点也有许多重要的相同点。

在本章及下一章中，我们将解释需要与协商式民主观进行区分的两种对话观：激进建构主义（以 Guba 和 Lincoln 为代表）和后现代主义（以 Stronach 和 Maclure 为代表）。我们选择了这个领域领先的理论学家进行反思和批判，我们也承认他们在此领域具有全面的重要的贡献。我们会分析他们对于价值的根本假设，以及其影响理论与实践的方式。

对话观指的是社会研究中由"解释转向"所衍生出的一种方法

论（Rabinow & Sullivan，1979）。20 世纪中叶，解释主义兴起并成为目前占有优势地位的社会科学哲学。其标志性特征是：社会生活和社会知识的概念与人的存在、活动以及诠释和建构社会世界的方式密不可分。价值普遍存在于行动、诠释以及建构的间隙中，他们或直接显现，或通过对话发现和揭示。他们不仅仅是"在那里"（或"存在在那"）等待着被分类（研究），也是需要通过对话、经过批判和反思来昭示的。

　　总的来说，解释主义反对质朴的科学化语言——那种中性描述理论和价值的语言，不能作为标识和解释人类行为（实证主义的宗旨）的工具。研究者不可能摆脱其自身附带以及自我参照的价值观和看法，而达到一种完全独立的观点。正如查尔斯、泰勒（Charles & Taylor，1987）指出的，"我们必须将人设想成为自我诠释的动物……没有能独立于其自身诠释的意义框架"（p. 46）。

　　如何处理事实和价值的区别是解释主义的分界线。实证主义者将事实与科学、意义、认可、客观性、真理以及理性联系起来。在价值层面，是政策、目标、权力和非理性。相比之下，"激进建构主义"用激进的不可判定论（保留原有观念中的价值）反对将事实和价值生硬分开。该论点渗透到价值、事实双方。没有任何地方能找到真理或是客观性。

　　我们反对生硬地将事实和价值分开，但并不将激进的不可判定论应用到事实-价值特性的任何一方。虽然科学和真理可能会因为潜在的价值观、利益或权力遭到毁坏或"歪曲"，但并不意味着事实论断会受制于理性的检验，它可以通过无偏向的过程要求来弥补，这样可以避免自利的价值观以及支配方的利益以及权力所带来的影响。

57

激进建构主义的特点

　　激进建构主义评估最重要的理论代表就是古巴和林肯（Guba & Lincoln，1989），他们否认任何客观事实的存在。在他们看来，"事实"完全是一种人造物，不能脱离人而存在，完全依靠参与者之间的协议来判定。他们认为："从字面上理解，建构生成了事实。它们不能离开创造和支持它们的人而存在；它们不是那些能独立于创造者而存在的'客观'世界的组成部分"（p. 143）。甚至因果关系都只是"心里估算"（mental imputations），在任何经验的意义上都是不"真实的"。

假设存在许多建构的"社会现实"，也有许多个人的现实，那么评估的目的就是要在这些多样的现实中达成一个公认的理解，之后再以此作为行动的基础。在 Guba & Lincoln 看来，"真理"是个人和群体之间的共识，超过其范围则无效。他们的评估模式是"解释学的辩证循环"（hermeneutic dialectic circle）调查。

在他们的评估方法中，首先，确定主要的利益相关者，并仔细征求他们的关注点、信念以及其他相关信息。其次，所有利益相关者的观点会被呈交给其他利益相关者，以备评论和批判。再次，那些在初步讨论中没有解决的事情，成为后期评估者搜集数据的主要议题。最后，这些搜集到的信息被所有利益相关者共同讨论，试图在这些有争议的议题上达成一致。

结论通过被选出的各个群体的代表通过共同的讨论、协调得出。参与者迂回作战，表述自己的观点，并挑战他人的观点。当每个群体面对其他群体的挑战时，对自己和他人的处境都能有更好的理解，而最终达成共识。事实上，鉴于这个观点，基本的信念（范式）都不能被证实或证伪。他们是个人接受的底线。能做的只是鼓励参与者对其他的观点采取开放的态度，为达成共识作出贡献。

当达成共识时，或是当时间和资源都用尽的时候，（评估）过程就结束了。有些事情全盘通过，有些事情部分通过，有些事情完全没有共识。但是，对事情的解决意味着行动。"由于他们已达成的共识，他们将进一步接受其带来的责任，对采取的行动负责"。（Guba & Lincoln，1989：222-223）在这个过程中，评估者的角色被设定为中间人、调解人、协作者、学习者、教师、"事实的塑造者"以及变革代理人。"评估者是协商过程的组织者，旨在通过更好的沟通和更成熟的建构而最终达成共识"。（p. 110）

在对话过程中，评估者会将自己的观点植入，甚至将其作为他人参考的意见。过早地将评估者的观点涉入进来会导致其被过分重视。评估者的建构不能优于他人，除非它确实受到更广泛的认可，或更成熟。在 Guba & Lincoln 看来，如果整个过程依照解释学的辩证循环来进行，那么评估者的偏见左右结论的机会就会很小。

但是，可能这些建构是错误的。"误建构"（malconstruction）可能是不完整、简单化、无知的或内部矛盾，以及通过不当的方法论得出的结论。"明白相对主义唯一可选的道路就是绝对主义，而绝对主义与美国的民主理想立场不一，而那些利益相关者可能会突然对选择采用更加开放的态度"。（Guba & Lincoln，1989：218）

虽然 Guba & Lincoln 的许多观点都值得钦佩，如利益相关者，但他们的观点会遭遇严重的困难。可以很轻易地证明某些外在的经验性事实的存在。尽管屋子里的所有人都承认你的手可以穿过桌子，但你仍旧不能做到这点。对于这种事实的存在，顶尖的哲学家都无异议；尽管关于社会现实的本质以及其与思想和行为的关系问题还存在争议。

在我们看来，将利益相关者吸纳到评估中来是值得的，但如何运用他们的观点和关注点呢？所有的观点都同等对待吗？利益相关者之间争论的基础是什么？通常，我们认为事实将发挥作用。但如果没有可以诉诸的真实和事实，我们为何还要参与评估的数据搜集呢？这又能带来什么不同呢？我们信任我们已信任的东西，从不存在的事实当中采集到的数据很难有用。

我们能简单地再次强调问题"但哪个观点是正确的呢"，这样的问题是不合适的。观点既不是正确的也不是错误的，但根据建构过程、背景以及摆在首位支撑建构的价值观，都会产生不同。这个问题通过更多的研究不能解决，而应该通过更多的沟通来解决。（Guba & Lincoln，1989：255）

59

Guba & Lincoln 将不一致看作一种错误。但不一致会导致什么不同？如果我们持有的观念与外界事实无关，或在其之间存在不一致。那又会如何？Guba & Lincoln 常常说"成熟的"信念是更优的，或更开放的信念是更优的。但是，既然所有的观点都是平等的，也与事实无关，那么为什么有些会更优呢？

60 关键是这样的标准会有假设，认为于信念本身之外（受其他因素影响）。而且承诺一致性以及成熟度，或更多的信息会得到更好的建构。一个新的观点只能在信念本身之外找到更优的原因。所以，在参与者的主观论点与主体间标准（intersubjective norms）之间存在着不一致，而需要形成协议。

我们在道德层面也要质疑 Guba & Lincoln。设想，一个参与者发表了一个带有种族主义的观点。我们还将其与其他观点同等对待吗？更不用说其他的利益相关者不会同意了。其他人也许会因为前见而不改变不赞成的态度。那么我们作为评估者，完全没有办法对这个种族观念进行评判吗？如果没有，那么评估对道德上应受谴责的观念都无法谴责。如果说我们能进行评判，那么又不能解释相对主义不能站住脚的原因。（当然，我们不认为 Guba & Lincoln 在他们个人的工作中会容忍这样的观点。他们会为此找出方法，但我们会质疑他们这样做的方法，是否能与相对主义原则相呼应。）

虽然利益相关者的参与是非常可取的，但在评估中，平等的信念不能作为最终的指导原则。因为，有些论点确实优于其他论点——有些论点也许不符合事实，有些论点在道德上有误。即使在相对建构主义中，人们也会就合理的价值判断结果进行争辩。

有人认为（研究）结论与研究者所处的社会环境和背景相关，受到时间、地点、个人以及语言的影响。结论并非无懈可击，可以被任何其他人以恰当的理由批判。这种（社会学）相对主义论点确实真实。但有另一个论点支持所有的主张都具有同等效力，将任何一种主张置之其他主张之上都是不理性的。这个（审判式的）相对论是错误的。

相对主义者常常认为那是因为知识是社会的产物，不能被理性地批判，但第二个论题与第一个论题不相符。事实上，选择某项优于他项的标准是前者更被广泛认可，更有一致性、更连贯、更理性，或在道德方面优于后者。虽然这里承认结果是社会的产物，但并不意味着这个结果就不能是真实或虚假的。

鉴于以上概括的这些问题，我们再从更细的哲学角度来观察激进建构主义的观点。

事实、价值和认识论

Guba & Lincoln 声明实证主义不是错误也不是非真实的，但却是"不了解情况和不成熟的"。他们缘何做出此种结论？

相对主义的建构主义者（The relativist constructivist），不赞同实证主义的构想但又接受其作为多种建构中的一种。建构主义者认为实证主义观点是不了解情况和不成熟的，但不是错误或非真实的。（Guba & Lincoln，1989：16）

在 Guba & Lincoln 的"相对主义建构主义者方法"中有认识论的压力。一方面，他们认为所有的信仰、主张和理论、价值都是"建构"于人类存在之上的。而且，他们的观点体现出——极端的——激进的色彩。"建构"是高度主观性的、特殊的事物，由个人"建构者"构想，相对也是特殊的观点。

另一方面，他们并没有放弃支持主体间性的判断决策。例如，依赖诸如实证主义流派的社会项目和理论的优势，但是有正当理由的主体间性的论断（例如，"地球围绕太阳转""为乐趣而折磨孩子

62 是错误的"）排除了个人主观性"建构"的不一致，或似乎看起来如此。

为避免这种不一致性，Guba & Lincoln 在评估互为主观"建构"时，所选择的标准是了解情况的程度和成熟程度，而不是正确或真实。如何使观点成熟而又开放？对证据恰当关注。如何使观点正确而真实？一样，也是对证据恰当关注。所以，他们使用"成熟的"或"不成熟的"，以及"了解情况的"和"不了解情况的"作为正确或错误以及真实或虚假的代替品。如果不采用这些代替品，那么决策将会缺乏标准，那样将无法判断他们的"建构"是超越他人的，包括（超越）那些实证主义者（或是他们所谓的"常规模式"p.83）。

在他们的构想中，他们已经提供了一个通向"常规模式"的建构主义选项。他们推理的中心有两点。(1) 关键的认识论概念，如事实必须被丢弃，而尊崇与他们相连的某些解释的优势；如"p 是真实的" = "p 是可以肯定并值得推广的"。但另一方面，(2) 放弃真理（以及与其联系在一起的"绝对论"）是指导标准，并没有意味着要支持极端的"万事皆可"（p.256）。所以，根据这个推理，由于这两点，真理必须被抛弃并引入新的标准。

这种推理只有事实被解释成为可广泛利用和肯定的时候才有意义。但这样的解释更倾向于柏拉图，而不是实证主义。我们只能在一个不明确的实证论基础上，找到否定所有事实概念的理由。在此，我们重复某些科学哲学的历史。我们从实证主义开始，再到库恩式的选择，之后到解释主义运用到社会学科当中，显示了实证主义的消亡并不必然会导向激进建构主义。

与 Guba & Lincoln 的解释不同，实证主义者对真理有显著易错

63 （markedly falliblist）的倾向。确实，唯一能被看作确定而又广泛适用的真理（先验）在他们看来是所谓的解析事实（analytic truth），

相当于逻辑的公约（conventions of logic）；例如"如果 P，可得 P"，或根据词义推断，如"所有的单身汉都没有结婚"。其余真理的候选项都受制于证实［或证伪（falsification）］的条件，通过详细精确的观察结果决定，而这样的事实常常都是易错的，常常会由于新的观察所得证据而发生改变。

还有，实证主义者并不是现实主义者——两者常常会混淆。相信事实真正存在的，与由于观察结果而发生改变的事实是不一样的。这种相信简直是对他们的诅咒，其中还有人想出许多形而上学的废话（Ayer, 1936）。事实上，行动主义者，受到实证主义者的鼓舞，将此立场贯串于思想、精神和灵魂当中——他们支持通过测量消除很多的形而上学。

事实上，实证主义者是极端客观主义者，而不是现实主义者。他们并不坚持事实真正的存在"在那里"，而是认为观察的结果可以（或应该）是全盘中立和主体间性的。他们不能圆满地解决这个论题是实证主义者目前尴尬的源头——不论其他，这个论题本身就是形而上学的！

最后，Guba & Lincoln 在这里的思路显然是正确的，实证主义者消除了事实和科学为主的价值观。如同形而上学的观点，价值主张不能根据证实的要求来度量：价值主张，如"堕胎在道德上是可接受的"，并不能解析出正确或错误，而且观察结果也不能将其周密的判断为经验性的真实或虚假。因为实证主义者相信价值是"激进不可判定的论题"（radical undecidability thesis）——价值是不能理性判断的。对实证主义者来说，没有任何标准能将价值主张归于真实或虚假，因为，从形而上学的角度看，从来就没有什么值得判断正确和错误的。

目前，实证主义者受到多方面的批判，但最具毁灭性的批判主要针对证实原则（Howem, 1985, 1988；Phillips, 1983）。这个原则

64

可以如此叙述：任何具有"认知价值的"主张，无论是真实的还是错误的，都必须是分析的（真实或虚假凭借逻辑及意义来判定）或是综合的（真实或虚假凭借观测结果来判定）。目标是集中精力在真科学上，消除形而上学，消除自私和偏见。

但是证实原则本身就站不住脚。它不能为实证主义者提供令人满意的支持，而且在实证主义者的内部还有许多不同意见。最终，奎因（Quine，1962：第二章）和库恩（Kuhn，1962）成功地从外部抨击了基础设想：纯经验性的（观察的）与纯概念性的（理论的）事物是分开的。奎因和库恩提供的图景是所有的观察都"扎根于理论"；所有的观察都与"概念框架"和"范式"相联系。所以，从这个意义上说，没有任何科学的主张能够中立并客观，因为他们没有事先概念框架或范式。

但是，Quine 和 Kuhn 并没有因为"观察扎根于理论"而认为我们需要与实证主义者一同去揭示事实——知识只是诠释的。而真理——如同客观性和理性——必须以更有说服力的方式再次诠释（或再建构）。所以他们并没有支持激进相对主义。

为保证确定，Quine 和 Kuhn 主义者引进了一种相对形式的知识，即概念设计的相对化。从某种意义上来说这也是"建构主义"，因为这个知识不能从人类活动和人类概念化（human conceptualizing）中抽象出来。但是这种相对主义附带建构主义与激进、个体化的建构主义有很大的距离。还为共同体概念框架的真实性、客观性和理性有所保留，因为在这个共同体当中内置有标准，为他们的成员提供了身份以及互为主观的判断标准。确实，库恩最重要的观点之一就是社会和社会化的特点就是科学范式。

除此之外，尽管把概念框架的转换并不都以其运行规则区分，也不是完全积累性的。如库恩所说的科学"革命"或"范式转变"，并不是基于主观性或独断的信念。某个科学领域的共同问题、词汇

（术语）以及方法原则都对异常的发现努力组织回应——科学"革命"已蓄势待发，旧的范式与新的范式之间仍有大量的重叠，甚至是并未能达到一致性。（科学进步的实证主义观点）（Kuhn，1977）。

一般而言，首要"价值"（如库恩所指）和"实用标准"（如奎因所指）运用主体间性去限定哪些理论（"建构"）是可行的备选，并且可以决定哪一个胜出。这些价值或标准之间具有一致性、连贯性、广域性、简单性、解释性的力量。（Kuhn，1977；Quine，1970）。

此外，Quine和Kuhn主义者将实证主义者不会抛弃的真理、科学的理性以及客观性加以替代。他们重新诠释了这些概念，摈弃了作为科学基础的原始观测，放弃实证主义的证实原则，使其和理论发展的历史相吻合。追寻理性、客观性和真理仍然是科学事业的标志，而它们是主体间的概念。他们抑制"建构者"个人提出的主张与推断。与激进的观点相比，利己主义者的版本是"建构主义"是由无可挽回的社会材料进行的无可挽回的社会行为。

我们为此做了几个总结。首先，主体间标准必须阻止"怎样都行"的忧虑。后实证主义思想者的总体策略是去再次诠释，而不是抛弃真理以及相关的概念。另一个不放弃真理、客观性和理性，而将其替代为其他不熟悉概念（如成熟度和开放度）的理由是因为婉转的说法（circumlocution）。例如，"乔治·华盛顿曾是美国的第一任总统"是否真实？它是广泛传播和成熟的吗？有什么区别？大概双方都回应了证据。

其次，主体间标准的必然要求就是真实/虚假以及正确/错误是存在的，而且一些"建构者"也许能更好地做出决策——在某个特定的知识领域，专家比非专家有权威。给予他们权威的是其在某方面积累的经验，熟悉某些问题以及术语，并掌握了追寻真理的可行方案。对我们来说，这意味着评估者有基于训练和经验的特殊专长，

66

而其他人并不具备。他们的能力应该善用。

最后，科学的争论从原则上来说是可以判定的。这并不是说已经接受的理论毫无缺陷；也不是说这些争论只能诉诸这样的标准——可以被机械地应用于中立观测当中，为迟钝的知识建构添砖加瓦（实证主义者相信哪个；Howe，1985，1988）。

但是，从自然科学转向社会科学和评估，我们发现问题更为复杂：首先，证实原则在社会研究当中有双重的问题，因为社会现实是双方的建构，故而它的"对象"（主体、参与者）与物理学意义上的对象是不一样的，他们自身也会解读，并受到规范的约束。从另一方面来说，他们的观察也是基于理论的，也必须这样做。所以，社会现实应该是对话性的调查。显然，Guba & Lincoln 一定会支持这个观点。

其次，研究参与者解读出的以及约束他们行为的规范是具有道德和政治价值的，这样的价值在社会研究的词汇运用中是其内在固有的，而在自然科学中并不这样显现。（Howe，1985，1988；Rorty，1982；Scriven，1969）——可以比较"种族主义"和"速率"（这两个概念）。至关重要的问题是这些价值在评估当中如何的显现和协调。

这个过程有不同的形式。讽刺的是，激进建构主义的观点在这个方面与实证主义者所坚持的价值观有很多重要的特点都相同。作为可证实性原则（verifiability principle）的必然结果，实证主义者发展了价值的"情感主义"理论（"emotivist" theory of values）。由于对于价值的主张并没有"认知上的价值"（cognitively significant），认知的概念如理由、观点以及推断都不能应用于价值当中去。在他们看来，价值主张是个人情感的表达。从表面的外形看，认知形态的"堕胎是错误的"更等同于反对堕胎（"对堕胎作嘘声""Boo a-bortion"），而不是（揭示诸如真理的）"草是绿色的"。

这不意味着个人在其价值上的观点不能获得他人的支持，但其基本的机制是因果关系推断，而不是用辩解推断。例如，假设一个人反对堕胎，并意图劝说其他支持者改变思想。为了激发他们的情绪，倡议者也许会给他们看婴儿的图片、堕胎的录像带以及其他资料。其目的并不是让反对者去支持"堕胎是错误的"这个观点，而是让他们对堕胎产生负面的情绪，从而感叹一声"堕胎是错误的"。我们甚至会援引其他的推理来做努力，如说"如果你反对谋杀，那么你一定会反对堕胎"。

但该观点认为，推理只是间接地将潜在的情绪激发出来。提出堕胎等同于谋杀的主张，是激发人们对谋杀的先天的（而非认知的）负面情绪。故而，价值推理符合假设的形式"如果你信奉价值 X，那么你一定也会信奉价值 Y"。

现在考虑 Guba & Lincoln（1989）在对他们的"建构主义"（或"自然主义"）观点进行表征的时候说：

社会现实不是客观的"在那里"，而只是一系列通过社会对话而建构的精神和社会存在。与其参照外在的事实，自然主义者追寻内在的真实——调理人类存在的意义以及信仰体系（belief-structure），这些存在只存于个体当中。故而，这里的论据只对信任这些建构的人来说，才是有力的。（p. 137）

他们继续指出：

查证程序的首要步骤省略了，因为没有什么可以检验的。自然主义者质疑的目的是辨认以及描述各种主位建构（emic construction）及其之间的关系、位置——意图衍生出消息更畅通、更成熟的建构（群）。而不只是一个简单的主位建构，或是研究者或评估者所代表的客位建构（etic construction）。（p. 138）

最后：

自然主义者的方法不是去寻找任何人目前所处位置的理由，而是寻找各个位置之间的联系，从而能提升到更智能、更讲道德以及伦理的层次。（p. 140）

Guba & Lincoln 在这个篇章中并没有表明他们认可情感主义者对价值意义的主张，后者认为价值是情绪的假象表达。相反，他们运用诸如建构和信仰体系这类的术语，表达他们的不同论点。虽然情感主义在价值观点的理由上有自己的立场——坚持价值论题的不可判定性。我们也许可以放弃情感主义者对意义的分析，但还需保持它对待论据的立场（MacIntyre，1981），这似乎是 Guba & Lincoln 的意图。

他们与情感主义者在此方面有三个相同的特点。第一，价值主张是主观的，也只表达了"（所属）个人"的思想。第二，辩解只对支持该价值主张的人有效力和说服力。没有更多的标准"在那里"存在——这些标准反对辩解方式及"证实"价值主张的非主观性，它们是不存在的。第三，承接上两条，移除价值中的争论并不能看作是达到所谓的"正确"（真实，最公正）位置，而所有人都"应该"符合它。移除价值争议更应该被看作是与信仰、建构和情感相连的——伪造"联系"——从而人们会赞同。

从这个方面看，Guba & Lincoln 对价值在认识论上的概念理解固有的概念类似，接受价值的不可判定性。Guba & Lincoln 的不同之处在于他们并没有在价值和事实之间进行严格的区分，并不会将激进的不可判定性只运用到价值当中。对于激进建构主义者来说，他们将不可判定性应用于所有的事实主张以及争论中。故而，这是激进建构主义者总的认识论观点——不但是他们对价值的认识论身份的观点，还将他们与以往的观点区分开来。这对他们的评估实践手段有巩固作用。

评估实践

Guba & Lincoln（1989）倡议评估中的"解释学的辩证过程"（p. 149）。这是一种对话方法，但有一个重要的特性：超平等主义。不但需要所有涉及的利益相关者意见都要表述（或代表），这是该对话手段的基本特点，但无论什么知识主张（"建构"），包括评估者本身，都无权予以特殊优待。当然，专业、严格的表述这些主张是被支持的。评估者在这个过程中的角色，被确定为"中间人和调解人"。

这里又引发了一个问题：评估者的专业知识和技能如何安置？如果评估者只是中间人，那么他们是否应该知道相关的社会研究结果，以及他们自己的"建构"，假定能在过程中有效地采用经验研究方法？Guba & Lincoln 从社会研究结论的角度回应了这个问题，如下：

> 纪录片数据、文献文集或是调查者自身的建构，在反馈者看来，都是不能责备的……所以，我们建议，将这些外在材料引入，但不说明其出处。例如，不直接说明，而用"人口普查局的一份文件显示……"或"在研文献显示……"或"基于我多年的研究，我的观点是……"，也可以简单地将观点引出，如说"一些人认为……"或是"有些时候说……"然后再引出评论即可。（p. 154）

此后，他们又说：

> 根据类似的专业文献情况，我们认为评估者的建构，如果宣布出来，可能会被赋权过多。但是，如果评估者的建构再次被低调地引入——如"一些人认为……"——这是一种开放批判，可以避免报复和尴尬。（p. 213）

在我们看来，为了避免技术官僚性带来过分的实证主义，激进建构主义朝另一个方向行进过远，形成了荒谬的结论。首先，如同已有的观念，Guba & Lincoln 指出评估者不应给出规定。如果这仅仅是一个策略原则，那么还值得听取；例如，"如果你忽略他人的观点强化自己的权威，就不会走得特别远"。但依旧有些需要做的——例如，更平等的社会分配。是否、何时、从哪个程度上引入策略原则也是一个很现实的问题。

但他们走得更远。对 Guba & Lincoln 来说，这个原则是认知论的（范畴）。对他们来说，没有什么要去"证实"，没有"在那"（存在），也没有什么"对与错"，故而我们接受原则"没人能将他/她的观点奉为是正确的一个"。自相矛盾的是，如果这是真实的，这个原则将被自我击倒，因为我们不能肯定任何事物的正误。并引发了（系统性）瘫痪：评估者不能说他们的观点是正确的。但如果其他人认为自己是正确的呢？为保持一贯性，评估者是否需要克制他们的观点，而其他人也不能提出他们的观点是正确的？

其次，Guba & Lincoln 在价值问题上支持"不干涉"的手段。显然，参与者都不能批判性地评估任何评估者可能提到的事物（这些主张都必须被伪装为"一些人认为……"）。现在，我们认为可能人口普查局的总结资料会更令人信服，他们在统计无家可归的人口数量的数据比街头行人的话更可信。自相矛盾的是这个位置看起来，既得不到公共的赋权，又得不到公共的保护。

当然，权力是件很重要的事情。但超平等主义在评估过程中更容易导致权力不平衡的加剧，而不是减弱。它们在平衡权力时所采用的方法是去阻止评估者的权威。但是评估者并不都是独裁主义或有偏私的。此外，他们也不是唯一能使用权力的人。最大的威胁恰在于其他的利益相关者、顾客或资助者（Chelimsky，1998）。将评估者的角色仅限于中间人和调解者会将支配权交于这些权力来源。

Guba & Lincoln 确实预料到这个问题。他们要求的一个条件是"愿意所有的代表都分享权力"（p. 150）。但如果这仅仅意味着所有人的意见都能被调解者听到，那么并没有解决这个问题。但如果他们意识到，在评估中需要对弱势利益相关者的特殊照顾，那激进建构主义又不能满足它的需求。例如，某个社会研究发现、建构、知识主张，无论哪种，是正确、真实，对一些利益相关者的保护有正当理由的，但却常常是弱势的。简单来说，它要求评估者信任这个观点，并承认这些事情的"建构"是正确的，应该引导评估的时间，而另一些建构是错误的，应该忽略。

总的来说，如果所有的 Guba & Lincoln 的信徒都坚信评估中的"建构主义"都是开放的，应该听取多方意见，并确保他们获得应有（的利益），并将"真实"和"正确"的概念取而代之为"成熟的"和"广开言路的"。如此，我们表示赞同，而且他们这个观点与我们提出的相差无几，只是调整的词汇不一而已。

但是他们所做的似乎更广大，远超越将"正确"和"错误"取代以相等的概念。他们似乎坚信价值论题的不可判定性，在评估实践中，转移了其道德−政治承诺（moral-political commitment）。如此，"建构主义"在促进社会变化的进程中显得力不从心。确实，激进的建构主义也许比一些拥护固有观念的建构主义者来说，显得更不利，因为后者"允许"和实践渐进主义价值观（progressive value），虽然他们也否认这些价值是"合理的"。

我们认为评估者应该恰当地应用他们的专业知识：如应该引进权威的论据。我们都认为对话对评估来说十分重要，评估者应该不仅仅当调解者，他们应该旨在触及真实，对他们的观点进行证实。这些观点不仅存在于参与者的脑子里，也存在于事实当中，尽管（这些）知识不是普遍适用的，也不是绝对的，却是与背景相连、视情况而定的。

5. 后现代主义观

后现代主义在世界范围内都很流行，版本众多，以至于很难对其进行准确定义。虽然人们普遍认可后现代主义所带来的影响，但很少有人开展评估领域中的后现代主义研究（Constas，1998；Mabry，1997；Stronach & MacLure，1997）。相反，在社会和教育研究领域中有很多后现代主义的拥趸。因此，我们将后现代主义观点当成范例，因为他们就我们所知的领域里，将评估挖掘得最深。尽管后现代主义只是从评估中形成的，但它确实是一股不可忽视的知识力量。

后现代主义把解释学转向推向了一个更激进的方向。这种观点认为，在启蒙运动走向死胡同后，政治哲学和认识论取得了统治地位。对现代性的"释放"计划最终气数已尽。推理不能解决我们的问题——恰恰相反，（加重了我们的问题）。目前的任务是去"解构"（deconstruct）、"反规格化"（denormalize）以及"拆除"（dismantle）我们已经发展出的知识论述。追求释放人性的宏大计划尤其可疑。在后现代主义观念看来，自由主义的民主和马克思主义"恐怖统治"（terrorize）都使民众边缘化。

不论作为一种怀疑论哲学的价值，或是结构性的特征，后现代主义在实践于目标导向的活动时，如评估，都面临严峻的困难。即使毫无敌意，但关于"解构"后的任务问题就足以使后现代主义者解散。因为后现代主义在区分事实-价值时，也坚持"激进的不可判定性论题"，它与激进的建构主义也有些相同之处。

当然，后现代主义与激进的建构主义也有重要的不同之处。后现代主义比激进的建构主义还要反叛。他们自认为是有知识的破坏分子。他们并不认为内部人观点没有问题。在他们的观念里，内部人可能是完全错误的，因为他们被所处的社会结构所牵制和误导。后现代主义认为社会生活隐藏着一系列的价值信仰。评估者的任务就是去问题化、解构化，瓦解这些社会安排。

后现代主义者（外显的）动机是人们从理所当然的人性中解放出来，那些潜在的信仰、价值、社会规范和社会惯例都压抑了他们。在我们看来，最终他们对激进相对主义的信奉使得他们不得不受到道德-政治上无作为（moral-political inaction）的谴责。然而，如果他们遵守道德-政治的原则，以此来作为引导并评估现实，他们可能会或总是被质疑（行为的）不一致性，尽管他们能很有理的反讽刺，知识上的不一致并不妨碍行动。在本章我们将概述后现代主义观点，以及一些运用到评估中的实践形式。

事实、价值(观)和认识论

75

后现代主义者是对话方式的倡议者，普遍坚持解释学、建构主义认识论（interpretivist-constructivist epistemology）。即反对传统的经验主义及其产物、反对实证主义者，他们一致反对杜威所提出的知识的"旁观者视角"（spectator view of knowledge）。该观点认为知识是逐渐积累的，由不断增长和日益复杂的被动接受的意见形成。

相反，他们认为知识，尤其在社会研究当中，必须被视作主动建构的产物——植根于文化和历史，包含着道德和政治价值，为某些利益和目的服务。故而，事实和价值融合在一起。但这种融合也有些艰难：知识（或传承下去的东西）只是文化历史的人造品吗？只是道德和政治价值的集合吗？只是为某个利益和目标服务的吗？

后现代主义者对这些问题回答也许会是——至少没有任何立场回答说不。利奥塔（Lyotard，1987：74）提出"后现代主义是对元叙事的怀疑（incredulity toward metanarratives）"。元叙事就是一个盛大的合法化故事（a grand legitimating story）。它的一个重要特征是它是时间、地点和文化的抽象概念。元叙事包括重要的认识论的经历，如科学的不可阻挡的进步，以及重要的政治故事，比如马克思主义和自由主义。后现代主义者对这些叙事抱有高度的怀疑，因为在他们看来，这些叙事都强调掌权者的权力（regime in power）。掌权者正是借助权力建立了这些叙事并劝诱他人相信。其实，这正是他们掌权的主要原因。如果没有重要的解释性的阐释，那又如何呢？以下是利奥塔的回答。

未来的社会更少有人相信牛顿的人类学（falls less within the province of a newtonian anthropology），而更多相信语用学中的语言小单位（pragmatics of language particles）。有许多语言游戏——元素的异质性（heterogeneity of element）。他们只能引起公共机构的修补（give rise to institutions in patches）——地方决定论……那么在讨论中能达成共识吗？这样的共识会破坏语言游戏的异质性。而争执引发创造。（pp. xxiv-xxv）

福柯（Michel Foucault，1987）赞同利奥塔对元叙事的怀疑，并提出用他所称为的"系谱学"（genealogy）来代替。福柯的方法是追寻、考证那些引发现代公共机构合理化的历史上的先例，如监狱以及精神病医院。对他来说，理性是不可避免的偶然事件（rationality is irremediably contingent)。公共机构是在特殊的历史环境下发展而来的，并演化了其自身的合理性，来为当权者服务。从他的观点看来，没有可以超越历史的试金石（extrahistorical touchstones），元叙事根本不存在。

相应地，知识和权力不可避免地会结合在一起，成为"真理政权"（regimes of truth），用以"规格化"（normalize）群众——令他们默许，并在现代社会的公共机构中发挥"有用性"，例如在监狱、精神病院、学校等。常常，人们都无意识或不知情地就成了"真理政权"的受害者。他们的思考将自己禁锢于接受社会分配，而这些社会分配有可能与他们自己的利益相冲突，而他们自己却没有意识到。

所以，如果让他们建立自己的真实世界，在后现代主义者看来，就像建构主义的评估一样，最终只是无知的汇集。参与者也只会加深彼此的无知，而最终只会陷入更错误的社会政权（social regime）的观点，这些正是他们受害的根源。评估与所感知的观点一致，而这些观点受到当权者真理政权（regimes of truth）的影响，并被强化。这类评估是去"规格化"（normalize）参与者，使其接受主流社会架构。毕竟，这些当权者是评估的赞助者和受众。评估在社会中扮演了一个强大的合法化角色。不然当权者为什么给它捐资呢？

现在专业学生、州或是公共机构对高等教育提出的（显性或隐性）的问题，已经不再是"它是真实的吗？"，而是"它有什么效用？"。在知识商业化的背景下，这个问题更加等同于"它能销售吗？"；而在权力增长的背景下，问题等同于"它有效吗？"。拥有能用绩效导向衡量的技能，确实看起来可以销售……但不能在此称职的是以其他标准界定的能力——这些标准如真实/错误，公正/不公正等——当然，这些能力从整体上来说，是低绩效的。（Lyotard，1984：51）

不仅仅是事实和价值互相缠绕。发生作用的价值常常是那些权力政权，事实也是为了适应他们而进行过调整。此外，这些价值常常与社会中大多数的利益相抵触。从后现代主义者的观点看，现在需要的是这样的评估研究——它们要能警醒群众关注他们自己的困境，他们要能解构或破坏当权真理政权的"规格化"影响。

为了完成评估中的解构和破坏，斯特罗纳克和麦克卢尔（Stronach & MacLure，1997）倡议使用问卷调查，将回复者从传统的被动信息提供者角色中解脱出来，让他们不但成为研究的参与者，也成为研究结论的判断者。评估者的另一个策略是，不再为评估报告的观众提供他们所期望的那种元叙述。取而代之的是，一个为事件提供多个竞争性描述的研究。

评估实践

后现代主义侵蚀评估的程度还不如它对人文科学和社会研究的侵蚀那样严重。这点容易理解，当后现代主义的主要推力否认这些活动是有说服力的时候，我们又如何去维持评估的实践呢？

当权者有真理政权（regimes of truth）的护卫，压迫、胁迫以及"恐怖统治"民众。那评估如何能避免受制于这些已被赋权的权威呢？如果能从后现代主义者的"规则"（prescription）去理解，那么就应该将评估整个放弃。

Stronach & MacLure（1997）察觉到这个消极的潜力，提倡"积极的后现代阅读"（positive postmodern reading）。（它在动机上与Aronowitz & Giroux，1990所提出的相似，或是其补充。后者倡议在对待教育问题上，以"批判"态度，与"不关心政治"不同。）尽管 Stronach & MacLure 所表述的论点已能自圆其说，但他们也承认后现代主义可以在评估中获得"实践的"结果，而这个论点的最终结果认为：后现代主义观点地融入，会使评估有更好的效果。这是流行的现代主义者观点，是由评估者提出来，代表人物包括：MacDonald（1977），Stake（1984），House（1980）。

[这些评估理论学家] 使现代派具体化…对于知识本质的假设以及它与政治的关系、信仰的深化、元视角的可能性，以及实在主义者对评估者和研究者角色的观点——如同民族志学者，民主评估者以及批判的理论家——需要对这些角色进行长期的认证培训。（Stronach & MacLure，1997：102）

鉴于后现代主义者将知识视为偶然，且从特定的社会环境中成长，那么在他们的观点里，评估作为一种偶然，是被什么因素决定的呢？Stronach & MacLure 认为后现代资本主义评估者发觉其自身深陷政府代理处的控制当中，后者坚持短期合同以及严密管理研究。这些研究，甚至（研究）结果，常常为政府所有，在政策和评估中形成排外的关系，并影响到附庸评估者的工作安全性。这些不是现代主义者希望的——冷静寻求真理的独立学者的条件，而是评估者描绘的情况。

此外，重叠的政府政权制度会引起公共机构的竞争……建立潜在的研究文化——研究经济规律市场下的个人竞争主义。我们需要一个对评估者/研究者角色有进一步思考的政见，使他或她在知识、影响和身份上的诉求更有根据。（Stronach，1997：33，在其对质性评估的解构中）

面对这样的偶然性，这些后现代评估者采用一种特殊的调查工具来实现他们的策略——"报告与回应"问卷，尝试追寻"易转化的有效性"（transgressive validity）来突破界限。在平常诠释中，类似"有效性"（validity）这样的概念是很有争议的，故而取代之以"易转化的有效性"（transgressive validity）（Stronach & MacLure，

1997：100）。

调查的反馈者会受邀书写不同于传统的评价，不仅仅是"任何评价"部分，还包括对某个特定的对象书写评价。例如：

请教师评价，是否从下面这些来源获得支持：与课程成员交换材料 [　　]；建立新的联系 [　　]；大学教师的良好指导 [　　]；从 SEN 的顾问那里（得到帮助）[　　]；通过群体（活动）指南 [　　]。[评价及备注？]（Stronach & MacLure，1997：105）

反馈者可以在括号中选择同意或不同意这些结论，也可以添加任何评价，形成一个独特的结论。临时报告由很多这样的结论和项目组成。从某种意义来说，反馈者参与到真实的临时评估报告的构建中。

根据 Stronach & MacLure 的观点，这种方法论上的分离使正式和非正式数据间的界限模糊。既符合又突破了文化习俗，既累积又规范了评估目标，与不同的反馈者有认知和情感的（交流）。惯常的真理政权（regime of truth）分类被有意"突破了"。这样大概符合"易转化的有效性"（transgressive validity）。

这里展现的例子中一个"功效"就是"改善了沟通的观念，或是改变了研究者和研究对象之间的对话（状况）"，让"权力关系下的不均衡交流降低，（以及）在研究过程中鼓励被研究者更活跃和有差异地参与"（Stronach & MacLure，1997：111）。

R&R（报告与回应-report and respond）以其混合的本质为特征。它（表现为）问卷和临时报告，两者都搜集和散布消息。它提供判断但又恳求修正，将反馈者看作听众及信息提供者，并将研究的过程看作是参与（煽动性的、解析的、对话的）和分离（从反馈者行为分离，诠释）的矛盾混合体。（Stronach & MacLure，1997：109）

在这个调查中，至少80%的反馈者选择在"非正式注册者与有哪些"栏进行反馈，添加评论，也常常有情绪性反应，这些都是由问卷的临时性特征所引发的。所以，这个工具激发并促进了更多真实的对话，在后现代评估者看来，显示了"竞争"的迹象。

核心（易转化的 transgressive）有效性的问题也许是：在评估者的定义看，反馈者的干预有哪些迹象？大概干预得越好，"易转化的有效性"（transgressive validity）就越强。即是对赞助评估的行政机构真理政权（regime of truth）的挑战。与反馈者的沟通发生在评估报告的（生产知识的）过程中，而不是让他们在最后就一个完成的报告进行反馈，或是在评估初始就一个协议进行沟通。

对一个教育研究者或评估者来说，那怎么能是不好的呢？难道隐含在这些知识（不知道、永远不知道、知道"永远不知道"的知识当中的一部分）后的原动力，代表着最伟大和最富成果的挑战，这个挑战不正是教育学生所梦寐以求的吗？肯定的，抑或强调双重否定？那就看到了后现代主义光鲜的一面。（Stronach，1997：34）

如何评价后现代主义评估观呢？当然，我们认可它设立的达成更多真实对话的目标，而且这些后现代主义评估者也常常很有创造力（这个词很少用来形容在方法论上努力）。但是，这种"积极阅读"（positive reading）——旨在为研究参与者提供表达渠道，与评估者采用同等的术语——并不能长久实行。对激进的建构主义来说，如果缺乏进一步的讨论，那么评估者的声音和参与者的声音之间就会有障碍。而这个过程将会使得最有权者的声音占到支配地位，而评估者自己的特殊知识和技能反而不能发挥作用。

这种后现代主义的"积极阅读"看起来是一种民主理论的形式，却以其模糊、杂乱、不稳定或在本质上的消极而自得。其基本原理是"其他的"（批判理论家、自由主义者以及其他）依附于"基础主义"（foundationalism）"实在主义"（essentialism）。故而，必须以一种不民主的方式认可评估者具有超越他人的权力。

即使这个控告有一定真实性。当代的民主理论家——各种自由主义者、批判理论家以及女性主义者——近年来有个华丽的转变，在很大程度上得以不断深化认知。（受到后现代主义者远见的鞭策）偶然易变的自我认同和不民主的结果都更明显了，这在以往是被忽略了的。

对后现代的批判

批判主义会照惯例认为后现代主义是没有希望的相对主义和弄巧成拙，它一直坚持，但不能证明任何知识的正当性。如果所有的知识都受到环境限制，也仅仅是支配利益和权力的假面具，那么后现代主义者自身不也有这些特征吗？他们难道不仅仅是其他利益的假面具吗？他们如何能逃脱呢？

一个更积极的批评，要求详细分析这样一个问题：知识如何从偶然的开始得到确切的结果？对后现代主义的许多批判都归结于对话方法，或是与后现代主义者一起反对传统哲学对最终认识论的追求，那将超越现有的人类经验。但对于这些思想者来说，用 Charles Taylor（1995：chap. 1）的术语表述，"克服认识论"（overcoming epistemology），并不认为知识只是个人利益和权力的一张假面。如 Taylor 理论学家将他们的任务看作是要以人类的现有经验作为其基础挖掘出知识和理性的可信服的概念。

其中有实用主义者、批判理论家和（某些）女性主义者。托马斯·库恩（Thomas Kuhn, 1962）把它比作达尔文主义的进化，为这个观点提供了最好的概括描述。简而言之，在他的观点中，知识不存在无涉环境的标准，科学必须朝这个方向努力。相反，科学理论在某种程度上得到支持，因为它比它的竞争者能更好地解决疑问。

步步为营正是科学知识的特点。虽然（它）做判断的标准是存在的，但不能机械地执行，缺乏根本的基础，也不能一劳永逸。

Kuhn强调科学的"范式"（paradigm）。还有不太熟悉和不常被讨论（外部哲学）的道德认识论（moral epistemology）的问题。迈克尔·华尔兹（Michael Walzer, 1983）区别了两种做道德哲学（moral philosophy）的方法：

一种开始哲学性计划（philosophical enterprise）的方法是走出洞穴，离开城市，攀越高山，改变自身……一个客观而普遍的立场……另一种实现哲学的方法是向他的同胞公民们解释我们对这个世界的理解。公正和公平能被令人信服的设计为哲学的人造品，但在一个公正或平等主义的社会中却不能。如果这样的社会并不是已经存在的——隐藏或假想它存在于我们的概念和分类中——我们将不能正确地认识或在现实中实现它。（p. xiv）

Charles Taylor（1995：chap. 3）提出了一个同等概念，但与Walzer的有所区别，他因现实原因提出了"必然的"（apodictic）和"从个人喜好出发"（ad hominem）的模式。必然模式（apodictic model）要求：（1）一些独立的标准，没有被任何信仰、价值系统所影响，倾向检验实践理性的主张；（2）有某些故障保险（fail-safe）过程决定标准是否被达到。但这样的标准设立了不可能的规格。因为它由于现实原因，是不可能达到的——推理在道德和政治中应用，也可在评估和应用性研究中应用——在主观主义和虚无主义中瓦解，在这些观念中，道德和政治观点常常在任何地方都以"偏见"和"偏向"为基础——与后现代主义的立场十分相像。

但是，这个结论仅仅在没有其他方式去解释现实原因（例如评估推理）时才成立。而Taylor相信存在从个人喜好出发（ad hominem）的模式。Taylor以对现实原因的观察开始，人们很少提出令人不容的道德观点，即使他们做了，他们的真实观点也是隐藏和更加复杂的，几乎总是符合某种"特别诉求"，为其倡导和隐含的意义重新定义及寻找理由。

考虑福利项目减少带来的代价，伴随着资本利得税的减免，表现了对穷人的冷淡态度；考虑在例子中展示的"滴入式效应"（trickle-down）的特别诉求回应——"不，你们错了，我们真的愿意帮助穷人。更多资本的自由是做到这一点最好的方式"。据 Taylor（1995）观察，甚至包括纳粹分子使用的推理，也体现了这个模式：

纳粹分子从不在犯有该罪行的人面前正面攻击对应的禁令。他们总是充满各种特别诉求（special pleading），例如，他们的目标不是同样的物种，或他们真犯有大罪而会遭报应，或他们给其他人带来了道德上的危险。（p. 35）

Taylor 用特别诉求现象，以及其潜在的协议，作为以下实践推理图景的基础：

实践推理的任务，不是去驳斥那些激进的反对观点（说杀人不是问题），而是展示正式是如何不合理的设定双方都可接受的前提，不能统一却只能接受……它的工作是展示特别诉求。

在这个模型里……实践的观点的起始基础是：我的对手至少和我分享一些重要的标准，一些对正确和优秀的理解。错误来自于混乱、含糊，或面对一些不能清晰批判事物时的不情愿；推理的目标就是展示这个错误。（p. 36）

在经济学的"滴入式效应"（trickle-down）案例中，推理的任务是展示：与政策的联系只会进一步摧毁穷人的期望；在 Nazis 的案例中，推理的任务是展示：他们激进的种族优越理论和对犹太人威胁的理解是荒谬的。（这是推理的"工作"；它是否能在任何一个案例中获得成功却是另一个问题。）

这种实践推理的理解与社会研究中广义的解释主义认识论相吻合，这不仅仅因为二者都是"反基础主义者"。解释主义者反对实证主义，他们认为，正如社会科学不可避免地依赖理论一样，还不可避免地依赖价值。它也贯串于实践推理当中。以这种方式，个人喜好策略在评估中普及。相比较，后现代主义者攻击了推理，认为所有知识是无效的，包括一些由后现代主义者自己提出的观点。正如本杰明·巴伯（Benjamin Barber，1992）提出的：

推理就是利益的烟幕弹，但认为它是烟幕弹的观点本身还依赖于推理——不然我们将陷入无尽的倒退中，其中每个观点揭示某人的其他观点是依赖于任意性和个人利益的，而又陷入新的个人利益和随意性当中。（p. 109）

概括来说，如 Barber 在案例所展示的，在与后现代主义者的对抗中常常被使用个人喜好挑战，表明他们不能在拥有一个道德-政治项目，还否认对推理的承诺。这对那些忠于后现代主义的人来说是一个困难的挑战，但仅仅靠结构和干扰社会生活来寻求解决之道，以求得为它指向进步的方向——如同评估者所做的那样是不够的。

当我们将之联系到后现代主义时，民主的概念也面临这样的问题：超多元主义（hyper-pluralism）。该观点和超平等主义（hyper-egalitarian）有相似之处，两者都以为：事实和客观性只是一些不能享有的特权产物。这些概念不能运用于现实或是价值当中去。而超多元主义和超平等主义最不同的地方，除了对民主观念的不同以外，还有前者强调激发不同观点的表达。例如，在《后现代条件》（*The Postmodern Condition*）（1984）中，Lyotard 倡议将"同种性"（homology）（寻找一致性）取而代之为"形似性"（paralogy）。（激发不同点）

扩大差异瓦解了社会中习以为常的真理政权（regime of truth），

而这个"政权"在社会中却得到了普遍的理解，使得真实的标准建造于某些利益之上，在其本质上忽略了其他人。评估和社会研究，或是它们的"范式"，大概都是真理政权（regime of truth）的实例。所以，在超多元主义（hyper-pluralism）的前提下，很难构想出任何类似目前评估的形式。确实，评估制度可以看作是多种规则以及当前社会实践的范例，而这正是超多元主义（hyper-pluralism）所希望瓦解的。

因为超多元主义（hyper-pluralism）将伪造协议的目标（goal of forging agreement）更替为"扩大差异点"的目标，这也许看起来不够民主；但是，就像我们之前所提出的那样，它属于后民主（post-democratic）。如何将超多元主义（hyper-pluralism）安置在民主中是一个重要的问题。如果它避开民主，那么它的倡议将会与其他政治协议发生争议。如果它信奉民主，那么它需要解释如何将民主决策融入进来遵守程序性规则的共同协议。

总之，即使我们否认后现代主义，我们应该与后现代主义者达成三点协议。第一，主观性是有价值的。人们看待自己和世界的方式是很重要的。第二，社会安排不可避免地与利益、权力和价值相关。从这个角度来说，它们需要接受审查（"解构"）。第三，评估作为实践的一种，其目标应该是建立更加公正和民主的社会（也许一些后现代主义者不同意最后这个观点）。

论述当前的民主理论及其超越后现代方法（以及被视做标准的观点和激进的建构主义）的优越性是我们在下一章的任务。我们将对理论与实践观察作为本章的结尾。对话性理论（dialogical theory）的两个变量——激进建构主义和后现代主义——有明显缺陷。他们激进的相对认识论使评估实践在与道德-政治上不作为，而如果其观点是前后一致的，那他们又受到超平等主义和超多元主义的指责。一种避免瘫痪的方法是明晰概念和原则——例如解释事实，公正以及民主——这些标准能规制对话，并将权威主义（authoritative）与独裁主义（authoritarian）的观点区别开来。

从避免独裁主义的角度看，我们与激进建构主义和后现代主义方式的区别也许无关紧要。他们建议我们小心行事，要试探性的，并对那些声称知道最优标准的人充满质疑。他们还建议要密切关注当地社会条件和个人"主观性"。我们不否认这些思考的合理性。

但是，我们坚持认为一些道德-政治原则使得评估实践不可避免地带有前设。而这些原则的清晰性对评估的设计和鉴定来说十分重要。我们知道在现有的社会和政治条件下，妥协或折中是一个不能避免的态度。而另一方面这正是症结所在——（我们）不能逃脱这个困境，因为价值不能被理性的决策，也超越了评估者的范围。

下篇
民主协商式
评估

6. 协商民主观

20 世纪 80 年代，美国总会计办事处（U. S. General Accounting Office）项目评估及方法分部（PEMD）是华盛顿最为认可的评估组织。该办事处主任埃利诺·赫利姆斯基（Eleanor Chelimsky, 1998），将其在任所学拟成宝贵记录。她的结论之一有：特殊的政治条件对评估的实行方式有强烈影响。她对倡导（advocacy）也有鲜明的理解：

> 在政治环境中需要的不是另一个倡导的声音，而是给公众有效、诚实以及畅通的资讯。国会的决策者期望评估者只是恰当地承担这个角色并提供准确的信息……但我们发现最近有论证评估者拥护（观点）的倾向，并且这些倾向有理论根据……我们在 PEMD 的经验是任何的拥护倾向都会损害评估者的信誉，并在评估界难以立足。（p. 40）

她发现国会很少在国防部门的项目中问严正的政策问题。尤其是化工战争方面的问题。在 1981 年，当 Chelimsky 开始化工战争的研究时，她发现有两类文献。一种是机密的，偏向化学武器，由五角大楼单方面呈交给国会。另一种是辩证的、文件的、公共的，但甚至不被国会决策者考虑。

有鉴于此，她的办事处将所有的文献做了一个综合，她指出："该举措让面对这些现实的国会议员头一次有警醒的效果"（p. 43）。这份最初的文件带动了更多的评估公开化，并最终促进了国际化学武器协议的形成——几乎从所有的标准看，这都是一次成功的评估。

这份"化工战争"的任务是对此前的研究做党派分析后得出结论，理解这个项目的行政基础以及评估，并尝试"整合相冲突的价值"于评估——Chelimsky 建议运用到所有这类研究当中。这对我们来说，是一项非常明智的措施。

我们需要考虑是什么样的构架引导她用这种方式实施研究？为什么她能在国会没有疑问时还向五角大楼提出这样严肃的问题？没有利益相关者集团在引诱她这样做。五角大楼在推行自己的意见，反对化工方面也有自己的观点。Chelimsky 肯定有自己的框架，或者直觉想法能指引她的行事。

我们都不知道她实际上使用的框架，但我们可以设想一个框架，可以产生类似的结果：这项研究包括冲突价值以及相关利益者集团。使得所有的主要观点充分地被包容和描述出来。将相冲突的观念整合，使得相关的集团能够商议、对话。不但为相冲突的主张提供了充分讨论的空间，还通过分类优质及劣质信息来帮助决策者和媒体解决这些需求。为被忽视的潜在受益人的利益提出方案。

所有这些分析和解读都需要评估者去判断及决定——哪些人是相关的、什么是重要的、什么是优质的信息而什么又是劣质的信息、怎样去处理决策者之间的（不同）考虑等。评估者不可避免地在发现中表现出强烈暗示，即使他们并没有得出那些研究的结论，他们"智慧的指纹"也会随处可见。

有几点要在此说明。首先，对评估来说，有些框架是必要的，即使它带有暗示。其次，框架是事实与价值的结合体。不同的群体对化工战争的想法（价值观）是评估中重点考虑的问题。事实和价值联合在一起，之前引用的 Stake 芝加哥小学案例就是如此。此外，Chelimsky 对化工战争的评估处处受公共政策评估角色特殊观念的引导。

评估者是否有引导的倾向？我们会说没有，即使这项工作充满价值倾向而且也结合了相当程度的评估者（主观的）判断。在研究起始，并没有站在五角大楼或其对立方的立场上，不会为任何一方的胜利而雀跃。毕竟国会非常倾向于五角大楼的观点，而国会又是该项评估的顾客，保持他们的喜好是政治敏锐性的体现。也许这是以顾客为中心的评估者的做法。或者他们会给出含有价值的结论，就像沙迪什、库克和列维（Shadish, Cook & Leviton, 1995）得出的论点那样："如果你支持生化武器，X 就是应该采取的行动，但如果你反对，Y 是要采取的措施。"然后把这些递交给决策者。

但是评估者采取更具防御性的措施——他们提供了该项研究的所有选项，并通过查证主要的反驳观点去评估了每项证据的质量。对我们而言，这是应该的做法。这个研究的操作是与我们希望认可的评估理论相一致。我们建议三个最基本的评估标准来制衡：包括价值、利益相关者以及政治——我们称其为协商式民主方法。

首先，这个研究是包纳性的，包括现在所有的相关论点、利益、价值以及利益相关者。任何重要的因素都不能被忽略。在化工战争案例中，反对化工战争项目的重要观点在起初就被忽略了，只有五角大楼的观点被纳入考虑，故而以往的研究都有偏见。

其次，不同的相关群体应该有充分的对话，以确保他们的论点被恰当并真实地呈现出来。取得真实的信息常常并不容易，但却十分重要。"注意项目中的受益人，将其认为是可靠研究的特点，与支持受益人不是一回事情（Chelimsky, 1998：47）。"很多研究都在没有考虑主要受益群体（或受害群体）利益的情况下进行了。在此案例中，化工战争的潜在受害人很难出席。必须有人代表他们的利益。比如，将利益相关者包含进去，在必要时与他们对话，在 Chelimsky 看来这并不是支持。

再次，在得到一个恰当的答案时必须要有充分的考虑。在这个案例中，协商是长期而有效的，涉及评估者、政策制定者以及最后（介入）的媒体。Chelimsky 提出，协商必须涉及保护评估者以及其他人不受到利益相关者渗透在讨论中的强有力的压力。恰当的协商不能简化为持股人的混战。如果只是这样，那么强劲的持股人就会胜利。

所有这些设计与管理很大程度上涉及评估者的判断。评估者依赖自己的直觉，就如 Chelimsky 和她同事看起来那样，或依靠更明显的信息。实际上，Chelimsky 发展出了公共利益的概念，更确切地说，就是判别评估要用"它作为一个客观的消息提供者，在公共利益领域是成功的"（p. 52）。她更进一步陈述"我猜想评估领域更大的风险不是缺乏正确的理由，而是质疑传统观念的能力和意愿在减退，这正是我们最重要的任务，也是我们工作最好的诠释"（p. 51）。

那么她是倡导自己独特的公共利益的概念？并以评估者角度投入的吗？如果不是，这与普通的倡导有什么不同？倡导从某方面说就是从某个群体的视角或是利益出发，而且总是拥护它胜过其他观念，而不在乎评估的发现。举例来说，Chelimsky 和她同事当时可以采纳五角大楼的观点或是另外反对它的观点，而不是平衡两者的观点。这是一种倡导形式，她没有这样做。

从另一方面说，如果倡导或认可的意义是使用特殊的框架或价值（观），那么 Chelimsky 可能就会因为倡导公共利益的特别概念而受到质疑，毕竟这个概念并非人人认可。她说所有的评估者在进行评估时都应该将公共利益记在心中。也许，她从这个全局的框架上是有倡导性的。事实上，我们认为所有的评估者都必须有一定程度上的公共利益以及民主意识，即使这些观念是显而易见的。

从这个意义上来说，评估者应该是倡导者——倡导民主和公共利益。民主致力于整合所有合法的利益。在我们的观念中，公共利益不是静态的，也不总是在起初就确定的，而是在有恰当约束的民主过程中逐渐形成的，在这个过程中评估发挥了作用。有趣的是，由于评估者应该倡导民主和公共利益，他们不能拥护某特定利益群体，因为他们的利益对证据来说有干扰作用，并有所指。（Greene 在 1997，曾使用"倡导"的概念，Chelimsky 在 1998 年也在其他地方使用过该概念，但可惜二者所谈论的目的不同。）也不能在相互竞争的价值提要和利益相关者构建中间扮演中立的角色。

化工战争的案例与社会项目的评估有哪些不同呢？其差别很小。如在麦迪逊和马丁内斯（Madison & Martinez, 1994）对得克萨斯州高尔夫海湾的卫生保健的评估中，辨别出主要的利益相关者——他们是这项服务的接受者（非裔美国老人），以及服务的提供者（几乎都是白人医生和护士），还有非裔美国倡议团体。

那么，这项研究中的非裔美国老人，是需要倡导收纳的群体吗？我们认为这不是倡导，而是平衡该研究中的价值与利益。所有的观点都应该有所呈现——民主观点——评估者应该尝试去判断谁是正确的。在该研究中，我们有觉悟——知道非裔美国人的观念常常被类似的研究所忽视。那些是记录历史，评估者应该警觉这些可能性。

在这样的评估中，没有涉及这样大的判断：如非裔美国老人与社会普遍白人专业从业人员之间的利益冲突。那样的判断超越了大多数评估范畴。评估者必须判断这些服务在当时当地可能会发生什么事情，这是一项更需费心力的任务。错误方向的倡导意味着参与此研究的评估者已经被非裔美国人所劝服，认为他们是正确的而服务提供者有错误，而并不是根据事实进行的判断。这不是专业评估者应有的态度。

我们在评估中的公共利益观念的意思是，在评估中将公共观点客观地展现，公开观点和利益（关系）、进行沟通（promoting dialogue）以及形成慎思，最终形成稳固的结论。要做到客观，必须要有包容、对话、协商，以及评估专家的专业素养。评估者不能忽略，要尽力做到民主。问题是这个观念是否有明确性以及是否有偏袒。

在本章剩下的部分，我们将阐述协商民主观点，与其他观点比较，并将之与政治理论相联系。这个观念并不是关于如何评估的评估模型，而是用于确知某个评估是否无偏私以及是否能在价值要求上做到客观的框架。既然评估者可能在极少或过于冗长的数据基础上，或由于层层委托中产生偏私观念而最终产生错误；那么他也会由于受到错误价值、利益相关者或利益的影响而产生偏私。而这个框架将作用于这些偏私。

协商民主评估

协商民主评估与真正的民主有所区分——它是需要恰当分析和理解的民主。看起来，协商民主的意义是多余的，因为在我们看来，民主从其更全面的意义上来说需要协商。但这个多余值得保留，以此来避免对我们侧重点的混淆。这里，我们用此修饰语来集中关注决策过程民主，以此来避免民主其他观念的混淆。

我们的目的是为判断评估提供一个全面的框架，以促发其民主商讨的潜能。协商民主评估有三个要求：容纳、沟通、协商。我们将轮流讨论这些要求，虽然它们作为一个整体很难彼此分开。

包容要求

协商民主评估的第一个要求是要包容所有相关利益（的观点）。

评估者不能只为最有势力或是能提高其身价的投标人评估，偏好性的评估就是这样造成的。既不能让购买者更改，也不能让其删除其中他们不喜欢的部分，或是自行加强有利于他们利益的描述。有些情况是评估者不能触犯的。

评估研究立足于代表准确的现实，而不是为了一些人或集团牟取利益，超越其他人或集团来假造证据。不能像广告或公共关系行业那样，为支付服务费用方提供服务。所有相关利益集团的权益都是中心，所有相关团体的利益都应该有所呈现，这是真民主所要求的。如果不是所有的相关利益都得以展现，那么由于有些人的利益没有得到体现，那么结果就是伪民主。

评估中最大的威胁之一就是权力的不平衡。这种不平衡是社会的敌人，也很容易发现它们是如何破坏或歪曲评估的。有权的一方会在讨论中占有优势，或无权一方的意见也许不会被呈现出来。必须有大概的平衡或公平的力量，这样才会产生恰当的协商。

评估者必须设计评估，以使得相关利益都得以体现，并在他们之间有制衡的权力。这总是意味着使那些在讨论中常常被忽略的利益得以呈现，因为他们的利益总是会由于其缺席而被忽视。所以，协商应基于对价值（merit）的讨论基础之上，而非参与者的状态。

决定以及衡量利益是非常复杂以及不确定的，也常常充满争议。首先，并不是所有的利益都有相同的道德力量。巴斯卡（Bhashar, 1986）认为：利益与需求相关，道德衡量种类（morally weightier type）从更广泛的利益排列，如下：

利益是任何有益于代理人愿望、需求或者目标的成就。需求任何（偶然或必然）关乎代理人的生存和发展，不论代理人现在是否拥有。一项需求的满足，与一个愿望或目标的实现相比来说，不会让个人或团体的情况恶化。（p. 70）

99

Scriven（1991）也在特殊的评估语境下提出一个类似的区别。他用更易懂的方式区别，"价值评估"（value assessment）和"需求评估"（needs assessment）。两者会以不同的方式来处理需求、愿望和市场偏好。所谓"需求"，他认为就是："时刻准备有所反映……只因为他们从某种意义上来说是必要的，而愿望（want）只是期望。"（p. 241）在 Scriven 看来，需求与"重要或紧急的程度"相关联，不受愿望以及市场偏好或类似的条件的控制。

我们不是有意识区分与需求相关的利益和与愿望相关的利益，以此来简化评估的操作过程，或说这是至关重要的。尽管如此，这个区分需要引起评估者的注意。有些案例比较模糊或有争议，但却真实存在。在很多案例中，划清界限很简单——如，食品、庇护所和卫生保健的利益（需求）与提前退休和奢侈轿车的利益（愿望）。

对话的要求

协商民主评估的第二个要求是要有对话。决定和衡量利益的复杂化是由个人和群体造成的，他们常常不能在他们的条件范围下决定自己的利益。他们会被媒体愚弄或误导、也可能会受到利益集团的压制或混淆（"spinning"evidence），或没有去获取信息或体验的机会。个人或群体的真实利益与设想的利益并不会完全一致。真实的利益可以被这样定义：政策 X 是设计为 A 的利益服务，如果 A 要承受政策 X 和政策 Y，他会选择政策 X，而不是政策 Y。辨识"真实的"利益至关重要。

发现真正利益是对话交流的重要任务。评估者不能自行设想某方的利益是什么。最好是能使参与者积极参与到不同种类的对话中。也许通过对话和协商，使得利益相关者转变思想，弄清楚自己的利益到底是什么。当他们检查发现结果、参与到与其他人或群体的争论和讨论中时，也许其初衷会产生改变。

社会架构内置于评估当中，这使得对话十分重要。参与者和评估者都必须分辨真实的事件，很多时候还要亲身制造一些真实的事件。评估的发现在这些程序中自然产生。这些结果不是等着去被发现，而更必要的是在评估和讨论过程中制造出来的。正如之前的关于美国是否应该转向国会系统的案例一样，我们必须要深思相关的论点。这并不意味着评估的结果是"不真实的"因为它是形成的和构建的，这与质疑汽车的真实性一样。（它也是被制造出来的）

为保证对话（的进行），评估者必须公平地代表所有方的利益，参与者要加入到对话程序中，充分协商事件。在某种意义上，我们可以想象在价值-事实的连续统一体上移动，从开始时有偏好、价值判断的论述，到之后基于民主原则的协商，到对事实的评估性论断。

但在此有个隐患：评估者可能在与不同的利益团体大量对话中，受到不当的影响。这个危险 Scriven（1973）在其之前长期的"无目标"评估中就曾呼吁。尽管我们相信它确实对公正性有威胁，但更大的危险在于评估者如果不能完全理解身份、观念以及不同利益团体的利益，会在评估中将这些团体的利益表达失误。所以我们宁愿如此牺牲掉一部分的公正性，而使得评估者通过大量的对话完全明白利益相关者的处境。对不公正的威胁可以被全纳性协商所减弱。

有些时候，评估者对利益相关者的观念误读不会产生危险。也许在一些产品评估时，评估者可以站在典型消费者的立场上，不需要进行过多的对话，因为这些研究已经预先设定好了场景。但是，在很多复杂项目和政策的评估中，明确利益相关者以及他们的处境并非易事。不同群体的利益也许会冲突，而且情况越复杂越需要对话去使得它明确。在这个意义上，产品评估也许是区别于常理评估中的特殊案例。

101

协商的要求

协商民主评估的第三个要求是协商。协商对一个认知过程来说十分重要，基于理由、证据以及正确观点的原则，是评估方法论规则中十分重要的子集。在很多情况下，评估者的权威性来自于他们在协商民主中特别专业的扮演这个重要的角色。

相比较，"感情用事派"或"优势派"民主的相关观点意即为带有偏私、价值倾向、不同口味以及市民利益，而寻找能够使这些利益最大化的方法。评估者不能质疑这些偏好——它们是先置的。事实让他们自己成长为决策专家，在科学方面说，价值是先置的，不能理性处理。所以，最好的评估者所能做的就是满足偏好（最大化偏好满意度），而不管这些偏好是什么。这样的论证得出的民主概念，是偏好和价值观都未纳入考虑的。

102 我们的观点是这些观点不被认为是先置的，但全在理性过程中影响到主观的判断。评估是这样一个过程：要判断价值，而这个价值会经过协商而自然形成和转化，最终成为评估结果。因此，协商式民主评估要求利益和价值都是被理性判断的。仔细的讨论和判断要求评估者的专业精神。

当然，评估不能代替在民主决策过程中的投票和其他的决策手段。但评估是一项制度，评估结果在民主决策过程中产生。在民主社会，评估为投票和其他权威决策过程提供信息；评估不能优于它们。

总之，评估免不了与选择的观念相联系：应该做出什么选择，谁来选择，以及基础是什么。公共项目、政策以及人事的评估根据集体选择的观念来进行，基于价值的选择得出结论。比较而言，我们可以想象个人衡量和平衡不同的因素，最终做出个人行动的判断过程。这是消费者选择模型，实际上是一个市场模型，很多个人根据他们所掌握的信息做出判断，集体选择只是个人选择的集合。

但大多数公共评估不是这样的。相关利益和相关利益者被作为评估的一个部分。消费者的集体选择与集体协商所产生的选择结果并不相同。集体协商要求参与者个人思想间的互惠，以及参与者权力的大致平等，至此达成一种状态——他们能有效协商并达成自己的集体目标。

在这些实践中要注意评估者的权威：将权力和权威加以区分十分有用。评估者要接受权威，但不是权力。例如，A 有高于 B 的权力，那么 A 就可以在违反 B 的利益前提下影响 B 的行为。但如果 A 对 B 有权威，B 顺从 A 是由于 A 对 B 的影响符合 B 自身利益。民主协商在这样的情况下是存在的：协商是在讨论过价值基础之后的，而该价值符合 A 和 B 的利益或他们集体利益。所以，评估者的权威意味着人们因为评估所得出的良好理由而顺服。

包容、对话以及协商的要求彼此重叠，并复杂地交织在一起。例如，协商的质量就不能与对话的质量分开，同样，也会影响到包容（与纯粹的象征主义相反）的实现。总的来说，包容、对话以及协商的三个要求不能被清楚地分开而独立应用。他们互相影响并强化。

而且，将他们彼此区分带来了启示。如果包容和对话的要求已经得到满足，而协商的要求没有达到，那么所有的相关利益也许都被呈现了（假设），但并没有被充分地考虑最终还会得到错误的结论（"建构主义"和"后现代主义"的弊病）。如果满足包容和协商要求，但对话性缺失了，利益及身份可能就会被误读，最后由于错误的利益以及被最有权力者所支配（"潜规则观念""perceived view"的问题）的评估，得到不真实的结论。最后，如果达到对话和协商的要求，但并非所有利益相关者都包含在内，那么评估会被视为对

103

某些利益有偏私。

　　协商民主评估是一种理想的、值得追求的形式，不是一时就能达到的，但值得任何人研究和掌握。但同样，在一个没有偏私的方式下搜集、分析以及解读数据，以此来达到准确的结论也不完美。没有什么理由可以让评估者停下他们追求更高的脚步。协商民主观点下，有更优或更劣的行为方式来进行研究。

观点的分类

　　表 6.1 将我们讨论过的观点加以总结，不同观点根据其认识事实和价值的方式，所持有的民主观，以及对评估者的角色的预期，进行区分。

表 6.1　观点和价值

实证主义 positivist	严格的事实－价值两分论。事实可以被质朴的观察（foundationalism 基础主义）所获取；价值是"形而上学的"，不受制于理性分析 评估者角色：判断事实，将价值视为情绪化的表达以及个人偏见 民主观：情感主义（emotivist）或优先功利主义算计（如，价值是由不理性的手段决定的，否则所有的偏好都会被最大化）
早期后实证主义（例如，坎贝尔）	清晰的事实－价值两分论；但是，事实和理论不能被质朴的观察所决定，因为事实有理论渗透（theory-laden 非基础主义）。事实可以通过查实知识的整体来决定。价值必须被选择 评估者角色：判断事实，接受项目或政策价值 民主观：情感主义（emotivist）或有偏好

104

价值极简主义 Value minimalist （如，Shadish, Cook & Leviton）	含蓄的事实-价值两分论。已经承认一些惯例性的价值。事实可以无根据地被发现，但在总结价值主张时，必须与其利益相关者紧密相连，"如果你认为 Y 有价值，那么 X 是好的" 评估者角色：建构价值总结，接受相关利益者价值观 民主观：情感主义（emotivist）或有偏好
激进建构主义 Radical constuctivist （如，Guba & Lincon）	在事实和价值问题上持相对主义观点。事实和价值都是个人的建构，因为没有客观现实存在。"现实"必须由利益相关者协商而成 评估者角色：参与者间的仲裁现实建构者 民主观：超平等主义（hyper-egalitarian）（如，在达成一致方面所有的观点地位一致）
后现代主义 （如，Stronach & Ma- cLure）	在事实和价值问题上持相对主义观点。但是，内部人观点有问题因为内部人自己也许会被"复理的政权"（regimes of truth）所欺骗。社会定会被分裂活动所解放 评估者角色：解构惯例观念，分裂权力关系 民主观：超多元论（hyper-pluralist）
协商民主 （如 House & Howe）	非严格事实-价值两分论。事实和价值是一个统一体，它们在价值论述中合为一体。非基础主义。事实和价值都能通过理性程序决定。评估结论可能是客观的（无偏私） 评估者角色：客观无偏私地做出事实-价值判断 民主观：协商的（通过包容、对话、协商来达成共识）

105

在政治理论中定位协商式民主

106

最后，协商民主评估如何与目前政治理论相结合呢？可以用约翰·罗尔斯（John Rawls）的"自由平等主义"（liberal-egalitarian）理论作为回答这个问题的理论出发点。简要地说，在这一节，主要：（a）描述自由平等主义，并将其与其他自由传统的主要竞争者观点

进行比较；（b）接受批判（由后现代主义者提出），因为其对抗群体对其观点不敏感，最终压抑而不民主；（c）拟定现代自由理论的修订版本（尤其是 Kymlicka，1990，1991），来接受这些批判。

自由平等主义与其他两个来自自由主义传统的竞争者——自由意志主义（libertarian）和功利主义（utilitarian）可以加以区分，主要依靠分配公平性的观念来决定。自由意志主义者坚信一个信念，反对分配社会产品（如健康、教育以及收入）的任何形式的设想。相比较而言，功利主义者反对这个设想的同时，要求积极处理社会（资源）安排，以保证物品的分配能使利益最大化。

作为它的一部分，自由平等主义也要求处理社会（资源）安排，但不同于功利主义者，它限制利益分配所产生的形态。尤其是，社会安置必须设计成为能够更能实现利益分配公平的形式。随意挑选一个符合道德的环境效应观点（如，谁的父母碰巧是）必须为此而减弱，如果必要，其代价是牺牲最大效益。（p.160，倒数第五行）市场操作（自由意志主义分配原则）所影响的分配也必须受到限制。

自从 John Rawls 出版《正义论》（*A Theory of Justice*，1971），自由平等主义一直在自由传统（以及政治理论）领域占有优势。这本书为早期的评估工作提供了理念（House，1980）。当然，Rawls 的理论并非一帆风顺，之后的挑战也十分尖锐。在多种形式上，所谓的分配主义者（distributivist）范例的批判（Young，1990）占据了中心位置（这项批判通过公平的力量实行，源自功利主义）。

最基本的批判认为：自由平等主义的劣势在于他们所占有的社会产品相对份额很少。他们通过施行补偿性的社会项目、教育或其他方式来消解这个劣势。通常的构想都是投入尽量小，而产生尽可能大的影响。这样，来保证被分配的社会产品以及将来分配的过程没有争议。事实上，这些产品可能会反映持续项目负责人的利益。例如，考虑女生（而非男生）在男性至上主义者的课程上所遭遇的极大困难。不能只是通过给女生们提供掌握该课程的（专业性）帮助来解决这个问题，这样并不能去除她们的劣势。

以上论述的困难和理由促使自由主义者去改变他们的理论——不是将平等作为分配的原则，而是将平等作为民主参与的原则。在"参与范式"（participatory paradigm）中，公正（justice）以及民主分配的要求互相融合。公正要求在讨论物品以及定义他们自我需求时给予所有人有效的表达渠道，尤其是给原来被忽视的那些群体以机会。正如 Kymlicka（1991）所观察的："邀请人们（或使得人们接受邀请）公平地参与政治是有意义的……但在人们确认自己不适合或认可的角色时会产生矛盾（p. 89）。"

在评估中，民主和公正间的关系是隐含的，他们的目标都是增进实践（结果）。分配模型（distributivist paradigm）暗示一种从上至下，专家控制的观点。调查者寻找物品分配不公的现象，决定群体的需求，最终形成政策和实践。这些决策都以公平的名义进行。受益人的观点被忽略。这种方式与民主的结合太有限了。

参与范式（participatory paradigm）与不单纯追求先定产品分配（distribution of predetermined goods）公平的评估不谋而合。该范式以参与者的身份和语气进行说明。物品，以及需求、政策和实践，都在协作的基础上调查和沟通。其中，民主协商的功能整体上是理想化的。方法得当的评估扮演核心角色。

所以，参与范式（participatory paradigm）相较技术民主（technocratic）而言，与对话的观点更一致。它站在传统主义观点一边，反对后现代主义和建构主义观点，拒绝评估中权威的观点，赞成对话的必要性。

在普遍意义上说，我们需要注意现在使用的参与框架（participatory framework）并不需要认可任何特殊的参与性评估手段（见 Cousins & Whitemore，1998，参与性评估手段 participatory approaches

文献）我们的参与观与民主理论的自由派直接相连。评估中简单的参与者参与并不能保证是真正的民主过程。必须还要具备包容和协商。一些参与活动也许会促发另外两项功能。然而，参与和对话是协商式民主评估实现的核心。

之前的评估工作反映了自由民主观点，那些观点认为先定的物品分配必须在一定的限制下进行。（例如，House，1980）尽管这个观点包含有协商和包容，但并没有提供足够的对话，而这是评估中十分重要的部分，因为我们是在协商民主的框架下进行思考。这样它会滋生家长式作风，在组织中的权威，如评估者，就能决定他人的物品（分配）。协商民主观使得参与者在很重要的方面加入对话，这样他们就能很权威地表达他们的利益了——他们可以决定自己在过程中的真正利益。

7. 良好的实践

● ● ● ● ● ● ● ● ● ● ● ● ● ● ● ● ● ● ● ●

评估者在具体的社会环境中操作，我们注意到要想在现实社会中直接施行协商式民主，太过理想化。强硬地坚持这个理想化的承诺也不现实。尽管理想无法全盘实现，但并不能说明它不能作为一个行动指南。

评估不能忽视权力间的平衡，也不能假装对话是开放式的。评估者这样做实际上是默许了社会现实中权力的差异，而逃避了专业职责。也许现存的权力构造可以被接受，但评估者要清楚地考虑这件事情。解决方案是让评估者尽力去面对事情，并将协商民主看作解决问题的价值取向。在这种价值观中，评估者不是被动的旁观者、幼稚的推动器或为他人决策的哲学王，而是尽责的专业人员，遵守一系列保守、仔细考虑的原则。这些原则会促进包容、对话以及协商的形成。

我们在这里提供的不是一个评估模型，告知如何施行评估的方法。这更像是一个中程（middle-range）理论，建议研究不能有所偏见（对事实和价值应该客观、无偏私）。偏见本身不能完全规避，但有很多特别的方法可以弱化它。评估和个案研究的任何方法和模型都可以达到中程协商式民主的要求。

事实上，一些评估者倡议实践，而这些实践与我们在此认可的观念一致是十分重要的。尽管它们在其他方面也许有些差别，例如，Stake（1984）的相应评估，MacDonald（1977）的民主评估，Proppe（1979）的辩证评估，Scriven（1980）、Greene（1997）的倡议评估，以及 Fischer（1980）、Weiss（1983）、Bryk（1983）、Mark & Shotland（1987）、Garraway（1995）、Karlsson（1996）、Fetterman、Kaftarian & Wandersman（1996）、Alkin（1997）、Schwandt（1997）、Cousins & Whitmore（1998），这里只是提到一部分提出类似观点的人。

例如，Mark & Shotland（1987）提出"尤其，在利益相关者方法中，评估者的工作决定问题的解决方式。相比较而言，在非利益相关者方法中……只要简单地假设评估者会按照赞助者的意愿去解决问题"（p. 133）。Alkin（1997）强调利益相关者的参与以及选择是至关重要的，Cousins & Whitmore（1998）提出参与性评估的重要方面有：利益相关者选择、参与的深度，以及评估过程的控制。

即使是在我们所批判的（如 Guba & Lincoln, 1989；Shadish, Cook & Leviton, 1995；Stronach & MacLure, 1997）立场上，即使我们在理论上有所不赞同，但也有我们认可的实践行为。良好的实践是折中的，要有理论指导，但不完全取决于理论。

113 批判问题

我们从十个问题来开始施行我们的协商式民主。评估中我们需要反思以下问题：

- 代表谁的利益？
- 主要的利益相关者是否有代表？
- 是否有主要的利益相关者没有被包含？
- 是否有重大的权力失衡？

■是否有能控制权力失衡的程序？

■人们如何参与到评估当中去？

■他们参与的真实性程度如何？

■他们的互动程度如何？

■是否有反思性商讨？

■商讨的深度和广度如何？

Karlsson（1996）就我们在对话方面的问题进行了一个评估，该评估比很多评估范围都要广泛。他评估了一个五年的项目，该项目为瑞典埃斯基尔斯蒂纳（Eskilstuna）9~12岁的孩子提供照料和休闲服务。项目为使这类服务组织更加有效，并介绍新的教学法内容，将其融入新的学校幼龄照料中心（School Age Care Centers）。政治家希望弄清这些服务是如何组织的，教学法的内容是什么，以及这些中心如何收费，儿童及其父母对这些中心的期望是什么——从本质上说，是一个格式化的评估。

第一阶段是确认利益相关群体，并从中为他们选择代表，包括：政治家、管理者、专业人员、家长及其孩子。Karlsson然后调查了家长，就以下事件访谈了其他利益相关者群体：

■政治家：该项目的目的是什么？

■家长：家长们对这个项目的预期是什么？

■管理：管理这样一个项目需要什么条件？

■教师联盟：教师联盟有什么要求？

■合作的专业人员：在这个领域工作的其他人对此有什么预期？

■儿童：孩子们有什么预期？

数据在总结后，与利益相关者群体进行了沟通。将结果浓缩成四种不同、理想化的学校幼龄照料中心（School Age Care Centers）比喻。这四种比喻分别是"车间"（the workshop）、"教室"（the classroom）、"咖啡吧"（the coffer bar）和"客厅"（the living room）。

在评估的第二个阶段，重点是中心的施测，对 25 个中心，共500 名学生测试。与第一个步骤"从上至下"的方法不同，这个部分的评估采用了"从下至上"的方法：首先，问儿童在这些中心的经历；然后，再访谈家长以及专业服务人员、管理人员和政治家。对话通过以上群体的陈述来实现。

在评估的前两个阶段，与参与者的对话是有地域和空间阻隔的。在第三个阶段，目标是面对面的对话，发展更深入的互惠关系。其目的是进行真正的、批判性的对话，如此能在不同的利益相关者群体中激发新的思想，在开放的讨论中引起冲突。

为利益相关者群体的代表安排了四次会议。为确保每个人都有发言权，四位专业人员将简要地论述重要问题，以及所讨论的冲突。这些专业人员在对话中加入到观众当中去，在各种场景中，展现问题的中心（从搜集的数据中分析出），帮助他们去发现问题的解决方法，以及发现看待问题的新方法。在四个场次中大约有 250 个代表，采用录像记录，并最终整理成 20 分钟的录像片。这些将在之后与家长、政治家以及专业员工的会议上使用。

在 Karlsson 看来，这种批判性的评估对话目的是对项目的局限和可能性有更深入的理解，尤其是对弱势群体。在这个过程中，重要的是使得无权并被不公正对待的利益相关者能产生影响。评估者在促进批判性对话时有两个责任：为项目开发出一个理论视角，以及培养批判性质疑。这意味着理论视角并不是一个完整的的模型或是解释，而是一个框架，将评估的历史和政治内容分析展现在参与者面前。（Haug，1996）

有这样的视角，评估不仅是搜集并呈现利益群体的观点，而且还为项目中的问题和内容提供了更好的理论性解释。于此，评估者带入了批判性视角。就 Karlsson 看来，对话作为一种策略，其难处在于需要每个利益群体都有足够的资源来参与。因此，也确实有可能存在风险：只有那些资源丰富的利益团体能够参与。

其他例子

其他的评估者也创新了解决这些问题的方法。在这个部分，我们将在具体的评估中，讨论我们的基本问题，作为不同标准的示例。

谁的利益得以呈现？

一般来说，评估由评估者、评估的赞助人和客户共同塑造，评估者必须认识到谁的利益得以呈现。一般，穷人以及弱势群体极少可能去赞助评估项目。项目所涉及的受益者一般也不是他们。例如，生病的人一般不会去赞助医疗服务的评估（可能通过慈善组织），无家可归的人也很难影响福利的评估。

通常，评估由政府资助，由医疗、福利或教育专家来设计。这些参与者都能影响一个研究的设计，评估者必须要注意看在具体的评估中，到底影响到谁的利益。不同群体的关注问题和利益并不尽相同。

例如，在 Karlsson 的评估中，他通过大量的对话确定出主要的利益相关者以及他们的关注问题。政治家、赞助者，最关注的都是项目的经济效率，领导者关注项目的执行方式，专业人员关注目标的达成情况，家长关注他们的孩子安全以及所受到的照料，孩子们则关注保持与他们玩伴的联系。所有这些关注都是合理的，并影响到评估设计，评估者在设计时要考虑到这些因素。当然，任何一个评估也不可能满足所有的条件，必须要加以选择。

重要的利益相关者是否有代表？

协商式民主评估要求，无论如何，所有重要的利益相关者都要被包含进去。民主主义的合法性需要包含所有的利益。当然，评估研究不能将每个利益相关者个体的利益都包含进来。这样的包容是不现实的，因为研究一般都有财力和时间的限制。一种折中的方式是只将项目中主要利益相关者的利益包含进来，将这些与事件联系最紧密的利益包纳进去。这些选择需要评估者的判断，由他们决定这些群体可能是谁，正如在研究的其他方面也需要专业性判断一样。

通常，评估者会与代表协商，而非直接与单个的利益相关者发生联系。正如 Alkin, Adams, Cuthvert & West（1984）在八个加勒比海国家扩张农业的项目评估中做的那样。核心利益相关者是赞助人（美国国际发展代理处）、西印度大学的项目成员，参与国的农业发展官员、农民及其代表、涉及该项目的美国学者。评估团队为这些利益相关者选择了代表，包括一名美国农业经济学家、一名西印度大学的学者、一名俄亥俄州的学者、一名来自加州州立大学（UCLA）的评估专家。西印度参与者对该评估的确实性十分重要，是一个利益相关群体的代表；而经济学家可以良好处理美国资助（USAID）方面重要的技术事宜。将利益相关者纳入评估团队，是解决代表利益相关者的一种方法，但并不是唯一的方法。

有任何主要的利益相关者被排除在外吗？

另一个重要的问题就是关注是否有应有的主要利益相关者群体没被包含在内？常常有这样的例子，即使连项目预设的受益人利益都没有得到体现。（Chelimsky, 1998）这样的疏忽使研究有偏见，除非有不体现这些利益的良好理由（也许项目处在其前期试验中，或对评估者来说很难发现它对受益人的影响）。

如果主要的利益相关者没有被包含进去，那么评估者有责任去调整状况。例如，Hahn, Greene & Waterman（1994）评估了 11 项由 Kellogg 基金会赞助的公共政策教育项目。他们为项目工作人员举办了半年的工作会议，进行了有关项目的讨论（Greene，1997）。评估者有意让市民的利益得以体现。虽然通知了这些人有关活动的规划，但他们却没有出现在会议上。所以在该项目对公众的影响方面，项目服务人员在其服务方向方面受到了质疑。必要时，评估者有时必须代表未到的利益相关者发表观点，当然，如果可能，最好还是由这些群体的代表来发表他们的利益见解。

是否存在严重的权力失衡？

评估者必须意识到参与者间有时可能会有强大的权力差距，会使得研究的设计和结果都带有偏见。正如他们注意到其他影响评估结果的偏见一样。不当的标准选择、不当的标准权重分配以及在某个方向上歪曲结论及建议，都是这些权力失衡显现出来的方式。

当然，在人类活动中总存在着不均衡的权力，评估者也没有责任去一一改正。但评估者有责任使巨大的权力差异不影响到研究结果——这不是一件容易的工作。评估者必须确认不平衡从哪个方面威胁到研究整体。例如，在 Karlsson（1996）的研究中，为促进对话和协商，他在所有的利益相关者群体中组织了一次面对面的会议，参与者进行批判性对话，来讨论发现结果。这里他必须关注权力的不均衡是如何影响到对话和协商的。在这个案例中，我们可能以为政治家会主导讨论，而儿童最难以表达他们的利益。主要的利益相关者可以被呈现在研究中，但却难以达成恰当的商讨。Karlsson 的解决方式是，聘请主动参与者来加入这个讨论，来代表弱势和沉默寡言的利益相关者，甚至是代表儿童。

是否有程序能控制权力的失衡？

想象一个班级里，一个学生说了所有话。理想情况下，教师希望所有的学生都有机会参与其中。教师有责任去控制这样的不平衡，所有的好教师都知道如何通过不同的方法去实现控制。同样地，评估者需要去矫正权力的失衡。在质性研究中尤其如此，因为有些个体或组织提供了大部分的信息。如果有人主导，信息本身就失真了。评估者必须要有方法去控制权力的失衡，以达到适度的协商。

在他们关于参与评估的评论中，Cousins & Whitmore（1998）解释："在我们的经验当中，正是那些有权力的利益相关者或参与者，更易于反对那些有批判性和有意义的评估结果。他们使用自己的权力去取消或修改报告，以此来符合他们自身的要求。"（p. 20）Cousins & Whitmore 提出谁是结果的拥有者，谁规定其用途，评估者能容忍多大程度的误用，以及评估者如何划清界限等一系列的伦理问题。

人们如何参与到评估当中？

参与模式十分重要。Stake（1986）在他的"学校中的城市评估"（Cities-in-Schools evaluation）分析报告中，探究了在与利益相关者交流时的困难。这个项目中的评估者就是不能掌握如何处理与不同利益相关者的关系，因此评估受到影响。参与的组织方式与参与人的选取几乎同等重要。

在关注基本物资的评估研究中，如食品和庇护所的问题上，也许与受惠人的大量对话并不像别的案例中那么紧急。因为大多数的群体都需要他们最基本的物资。但是，即使是在这种基本物资案例中，不同的参与者对决定物资提供的方式以及基本物资的种类方面都会有所不同。对话对这些事物的理解十分重要。对于更复杂的社会服务评估，例如，教育以及福利，对话常常是必要的，因为项目和政策可以被不同的方式决定，对群体的影响也不同。

也可能会有不恰当的参与。在评估安大略湖区降低辍学率的试行项目中，Cousins 与项目负责委员会见面，他们大部分都是学校的管理者，设计了这个研究（建议他们将教师加入到委员会当中，Cousins & Earl，1995）。利益相关者接受了访谈训练，接着进行了访谈并将数据编码。评估者起草了报告，在提交给委员会前又被教师进行了修改。从这个经验中，Cousins 总结最好还是不要将参与者卷入到高度量化数据分析当中（Alkin，1997）。也许参与者就是不能掌握某种协商和分析，不适宜期望他们去掌握。民主协商考虑到在复杂的、专业化的社会当中，这些专长是十分重要的。专家必须完成一些任务，以得到适度的协商。

他们的参与真实性如何？

通过邮寄调查、集中群体或是个人访问的参与效果在其真实性上有巨大差异。谁出席，谁能看到结果，谁提问都是十分重要的问题。Barry MacDonald 常常问政府官员"是什么让您夜不能寐的担心？"（MacDonald & Sanger，1982）为保护他们的组织，政府官员常常只是提供他们的职业角色，这样他们也能偶尔游离于某处境，以个人的观点来做出差别很大的测评。

在一个民族志的研究中，Dougherty（1993）为一个职业福利培训项目提供了评估，她在个人私交方面与福利参与者建立了亲密、长期的联系，以此来保证能更真实地反映这些受惠人对他们所接受的培训所有的看法。参与者对此项目的真实性反应比官方预期的复杂得多，而且他们面对的问题也有不同。当然，并不是所有研究中都要求如此透彻的工作，但评估者必须考虑到他们搜集数据的真实性。

彼此交流的程度有多深？

通常，根据研究的种类不同，评估者希望利益相关者在不同的阶段都能广泛地参与其中。这样使他们有更充分的机会加入到批判

121

性对话中，并能更完整地表达观点，揭示重要信息。在我们进行的第一个评估中，问卷被寄送到芝加哥高中，询问他们为有天赋的学生提供服务的程度。调查表原封不动地被寄送回来了。评估者认为改变参与者的介入方式十分必要。

参与可以是十分广泛的。Pursly（1996）评估了纽约四家庭支持中心网络（a network of four family support centers in New York），参与者和辅助专职人员的工作人员也被纳入到评估当中去。他们在设计评估问题和方法时提供了帮助，并帮忙搜集和分析数据。尤其是，评估希望得到低层员工的贡献（Greene，1997）将利益相关者牵涉到评估中更技术的层面，将有可能危及观点的代表性和技术过程的恰当管理，如前所述，这需要权衡。所有利益都应该得到恰当的代表，并应该采用恰当的方法来形成无偏私的结论。

是否有反思性协商？

评估者必须考虑数据的所有方面和不同种类，以及这些数据的分析方式，这是显而易见的。评估结果必须经过周密考虑。不幸的是，一般报告的结果都没有经过充足的考虑，因为在评估的后期常常忙于赶交迟到的报告。也许，数据和结果之间的不匹配是此类研究普遍存在的错误。当多数利益相关者群体更活跃地介入时，会产生更复杂的问题。常常有时间不够的问题。参与的最优方式也还没有开发出来。

例如，Morris & Stronach（1993）以叙述概要的形式建构了一系列（研究）结果，并将其提供给研究的参与者（之前引用的"后现代评估"）。在每个结果的论述之后，都会有一个开放的空格，使参与者可以赞成、反对或放弃对某个特别结果的评论。而且还鼓励参与者广泛评论，就自己的理解对这些事件进行解读。这样，尽管结果由评估者来建构，参与者还是有发言权。（Stronach & MacLure，

1997)。而且，评估者也能一定程度上判断利益相关者对他们所得结论的赞同程度；将二者相结合，可以有效地为结果建立一个确信的组合。

协商的深度和广度如何？

概括来说，当然是协商越广泛，得出的结论就越优。但另一方面，学者们并不会在教师会议上苦坐数小时，为同事无休止的神侃浪费时间，最终还无果而终。任何的观点都不容忽视，任何的事件都值得注意。但大多数情况，协商是太少而不是太多。

评估者应该在他们的研究设计中建立这种协商，而不仅仅是希望有协商。Greene（1998）就一个 14～19 岁青少年就业项目进行了评估。最初的讨论包括项目的协调者、青少年部门的负责人以及代理处的指导员。之后，又与 15 个旨在开发评估设计的利益相关者进行了讨论。这些利益相关者包括赞助者、其他的青少年职业工作者、雇主、董事会成员、管理者、项目人员以及青少年本身。大量与利益相关者的对话形成了设计。

数据从问卷、访谈以及与利益相关者的群体会议中搜集。利益相关者中的一个次级组织在问卷开发方面有着更深入的交流。当数据搜集完毕，非技术性论述被拿出与利益相关者分享。利益相关者反对临时报告的内容，而这些看法在最终的报告中也有所体现。（Alkin，1997）这项研究在所有的阶段都有很广泛的协商过程，超越了大多数研究所能控制的范围。协商到什么程度才是最优的，这是一个值得思考的问题。而同样值得思考的问题是：数据分析如何才算成熟？

在所有引用的案例中，都会关注利益相关者利益的表达方式、哪些利益相关者的利益得以体现、哪种对话值得鼓励，以及协商如何引导结果的形成。评估用不同的程序去增加利益相关者的代表项，以及利益相关者观点和利益的真实性。并没有一个程序能在这些目标达成程度上优于其他程序。一套实现这些目标的完整新程序还需要去开发，以及试验。

不容置疑的是，其中必有折中的方式，但目前没有清楚的规则去实现。在某个阶段使利益相关者介入，也许会造成之后结果中的权力失衡。让利益相关者涉入数据评估中，将降低研究的技术公平性。数据的搜集、分析以及结果可能会有偏向，正如利益评估者的利益表现可能存在偏差。如何设计以及管理这些活动涉及的职业判断，其发挥的自由度很高。

然而，这些评估确实试图将主要的利益评估者利益包含在内，并保证（反映）真实的利益相关者观点，形成共同的协商，并导向真实的结果。我们承认这些程序比技术性数据搜集与分析更原始、也未经考验，而后者已经在过去几十年中得到了开发。还有许多需要做，也有很多评估者很愿意去开辟新道路。也许先锋对新观念的逐步实现是谨慎的方法。

一个假想的例子

让我们来探究一个假想的例子，一个在美国社会中颇具争议的例子：学校内的能力分组。假设 Centennial 学校董事会刚刚被教育保守派接管。他认为当前以及前人的学校董事会对学区中的少数族裔过于关注。新的董事会应该重新建立学校的能力分组，而这在旧的管理体制下已经消除了在那些崇尚向上移动的专业人士眼中，能力分组很流行。他们当中，有可能是在发展中的地方高科技产业中工作的人士，也有在地方大学任教的学者。

新的学校董事会让督学将能力分组安置在中学中，将原有的六个科目减少到三个科目，即语言艺术、数学、科学。最大的少数群体是刚刚从美国中部和南部抵达的西班牙人，其次是东南亚人。
（Hmong from southeast Asia.）。社区中西班牙激进主义分子声讨新政
策，东南亚人没有意见。大多数英国中产阶级专业人员以及学者都
声明支持。

学校督学，在新的学校董事会中受排挤，认为有必要对新政策
进行评估。他请地方大学来进行评估。大学评估者知道这涉及政治，
还是接受了这个研究。他们应该如何处理、如何理解以及评估这些
文化背景？

总体来说，评估者有责任调查社会研究中的相关群体，这样来
进行项目中的理解和比较。评估者还有责任解读这样的研究，并判
定其价值。要完成这些，他们必须要客观、无偏私，不是拒绝做出
自己的评判，而是在方法论上和道德原则的基础上做出判断。

对于能力分组来说，很少有如此创新，甚至没有相关研究的项
目或政策。尽管有争论，大部分研究都是对能力分组的道德或政治
层面的批判，认为那否定了公平教育机会，对被分派到低能力组的
学生来说不公平（如 Oakes，1985；Wheelock，1992）。但从另一方
面来说，这项研究有其自身的方法论弱点。

这个信息也许会给评估制造麻烦。如果评估者始终认为能力分
组是错误的，是不容缓解的罪恶，那么他/她对 Centennial 项目的评
估就是浪费时间。反之亦然，也有评估者在任何环境下，都始终支
持能力分组。在这两种情况下，结论都已是既成事实。这并不是说
不能够理性地决定是否实行能力分组，而是说在以上的情况下，所
做出的评估都不准确。如果案例发生在都支持对实践有限制的环境
下，通常不需要评估。例如，要求非裔美国人去加入种族隔离的学
校，就不适合评估。

看一个项目或政策是否适合作为评估的主题，其道德的可接受
性以及效度都应该经得起质疑。当然，让评估者对所评估的项目和

126 政策完全没有意见，也是过高的要求。毕竟，评估者是所调查领域的专家。在 Centennial 项目中，评估者对能力分组会有一个预先的倾向，但只要评估者能够悬置判断，仍能展示一个良好的评估。避免偏见的关键是，确保竞争的论点和证据都能得以公平的展示。

从协商民主观看，竞争的主张和证据都必须以包容、对话以及协商的要求来评估，并尤其注意缺乏权力的群体。在 Centennial 评估中，提醒利益相关者十分重要，尤其是西班牙裔及东南亚少数民众。调查这个项目，暗示少数族裔总是在低能力组中不成比例的占有多数，而分在低能力组，通常会伴随有低自我认同以及高等教育和理想工作机会的丧失。

这里很清楚的是，新学校董事会、少数族裔以及反对学校董事会的组群、管理者、教师、家长、孩子本身的利益都应该考虑在内。在这个事件中，是否还有更广阔的公众利益？社会（民众）或州（政府）是否对这个事件有兴趣？在这一点上还是不清楚。

在评估中，评估者可以用多种方式来代表这些利益相关者。从个人的调查到将他们纳入到数据搜集的过程中，还是要保持恰当的平衡。当然，在该案例中，少数族裔的观点是十分重要的，但这个组群不太可能自觉地为这个评估效力，尤其是东南亚的少数民众。如果评估向可搜集数据的人群开放，那么英裔职业阶层就基本上占有绝对优势。

当然，那些职业工作者阶级的利益也十分重要，不过这些利益相关者是否能在评估中担任一定的角色呢？如何增加他们已经很强的影响力？评估者必须要决定各个利益相关集团的影响力。这是他们回避不了的责任。

另一方面，评估者不能在未与其对话时就假设知道这个社区中**127** 少数族裔的想法。他们能与这个组群讨论后，获得他们观点和利益的权威代表权吗？一般来说，这个组群的人不善于在公共场合表达自己的意见。评估者也许会将这些组群的领导者纳入到其中，也可以充分意识到他们并不能完全代表他们组织的真正利益。但这更重要的是政治意义，而不是真正民意的代表。但这是一种折中的方法，他们可以在私下解决。评估者必须面对现实中的限制。

评估者对学校董事会的所有人员、少数族裔的领导者、督学及其核心工作人员、家长（会）的领导人员都进行了访谈。显然，这里最重要的是孩子们的利益，但他们能清楚地表达他们对能力分组的意见吗？评估者认为对这个年龄来说并不能清楚表达。他们认为自己已经了解了主要的利益相关者。当然还有商业团体，但评估者发现他们在这个实践中的利益相关程度并不及其他组群。

同时，还有广泛的公共利益。能力分组能显著地影响公众吗？它会扩大社会中的不平等吗？或这样做，对培养未来影响国家安全的科学家是十分重要的吗？如果评估涉及整个国家的政策制定，那评估者就要格外认真。但他们会考虑到国家的利益是否能被Centennial这个项目所影响。当然，这些思考必须要做出专业的决定。

评估者必须仔细地访谈和记录不同利益相关者组群的利益表达，保证呈现观点的真实性。如果他们能通过某些方式访谈学生家长，这样也是很明智的，不会假设学校董事会多个派别的意见就能反映广大家长的意见。当然，这样做既麻烦，开销又大。也许评估者可以在不同的学区与当地的家长会谈。这样做也许选择的代表不正确，但是对整个学区进行全盘的调查成本太高。

128

鉴于所有这些信息，评估者会达成评估的标准：教育成就、能力分组的构成、社会结果以及对未来教育机会的增加或降低之影响。评估者最好能与利益相关者群体确认这些标准，确定是否有重要信息的遗漏。重要的是不要与这些组群建立协议，只是告知与评估本身相关的事宜。我们这里假定结论有正误，而且达成共识也不是评估的目的。评估者可以达成协议但依旧错误。

不同的群体应该如何参与到评估中去呢？有多种可能性，如前面列出的例子那样，评估者可能有意选择职业评估团队来进行数据搜集和分析，以防止未来有关评估过程不公的投诉。他们（利益团体）的参与会使得评估从一种高度政治化的情境下得出结果，所以必须要用方法论的角度来解决这个问题。如果评估者让一些团体参与研究的某个方面，那么整个研究都可能会有问题。

一旦评估结果出来，评估者就会陷入批判性协商当中。如果他们简单地将结果呈现给学校董事会，那他们很容易就会被投票，如六对三，被接受或否决，而并没有得到充分的考虑。也许更好的方式是评估者在当地的学校中组织邻里会议，将结果预先呈现给一小群家长和市民群体，再公布给媒体。这一部分人就能有时间从一定深度思考能力分组能给他们带来哪些收益和损失。最后，评估者可以为学校董事会举办一个正式的结果报告会，并邀请一些媒体出席。

从这点看，其实就是由学校董事会，学校管理者、家长、媒体来做出能力分组的决策。评估者要做评估，必须考虑能力分组的价值，但他们没有权力为校区做决策。他们也许会是一个继续提供信息者的角色，也许不是。无论如何，他们需要搜寻相关事件，进行评估，最终通过呈现恰当的观点和利益、参与真实的对话以及为每个人的部分安排充足的协商，总结而形成结论。

当然，从理论观点来看，这都是不完美的。也许评估者没有将所有主要组群纳入在内，或是没有给协商提供足够的时间，或是没能保证少数组群观点的真实性。这样就是评估实践的非完美世界。没有任何研究是不被批判的。评估者能说的是他们严格的努力，遵循协商民主的原则，因而得到的信息为更好地了解公众利益和做出决策提供了更好的平台，如果没有评估，这些都无法实现。

结　论
——评估在社会中的角色

贯穿本书的一个讨论主题就是评估应该为民主服务。试图保证民主，我们认为更适当的方式就是民主的各种定义进行说明和接受批判性考验，如此将其结合在评估的手段中。尤其是那些在例子中被当作标准的、激进的相对主义的、后现代主义以及协商民主主义的观点。在这个总结中，我们再次强调并扩展在民主原则下开展评估的主张。

协商式民主

民主的、先进的资本主义社会发展了强大而成熟的广告、公共关系以及媒体。各种产品、项目、政策以及表演的宣传及索赔漫天飞舞，快速而繁多，让公民常常无法判断正误。即使是民主政策也被搅入媒体宣传的战役中，用30秒的短片表现代替合理的辩论。这让严肃的政治常常演变成了付费的广告。

这个社会在一定程度上依靠于公民的合理判断（我们认为他们确实能做出合理判断），但幸福的社会还是被作为新社会活力的传媒衍生出的混乱和疑惑所影响。制度的存在，如评估，就为社会中的重要事物提供了有用的知识，包括他的产品、项目、政策以及操作都是有价值的，因为它是必要的。有了充分的知识作为基础，公民可以对公共事件做出合理的判断，而不会受骗、迷惑或疑惑。

对普通公民来说，他们如果能自己设计和建立自己的流感防疫系统，那么他们搜集信息和进行评估的意愿和能力都会很强。他们需要特殊的帮助，而幸运的是制度化的评估可以提供这些帮助。为确认一些公共（评估）机构能提供专业的有价值的结论，我们会判断对其需求性和其（存在的）必要性。我们要从有益和专业的评估中获益，但其间不免要受到错误信息和能力不足者的干扰，但是依然值得坚持。正如在例子中，他们在医药和法律方面都是专业的。

易激动者（或有偏见者）一般会对民主的概念有两个假想，而这些被我们的协商性（或认知性）的观点所排除。第一个是民主下的公民，只有责任满足他们自己的偏好，而不是满足他们所认为的普遍应该做的事情（Hurley，1989）。在易激动者的视角看来，民主公共机构（democratic institutions）的目的是引发公民（思考自己的）偏好，然后寻找方法来实现这些偏好，以及在必要时对他们之间的冲突进行调节。第二个我们反对的观念是：民主应该与各种好生活或生活的价值观念相分离。所以，民主公共机构不应该仅仅是搜集并总结个人的偏好，不管到底这些需求是什么。偏好的内容会造成很大的不同。有些偏好也许不符合民主的要求。

在协商民主中，公民要表达应该做什么的信念，不是仅仅去满足自身的需求，民主公共机构应该提供能进行下一步任务的知识手段。我们在这里使用的知识应该是真实并客观的，尽管事实并不总是容易确定的。而且知道不真实的知识与知道真实的知识一样具有价值。现在这里应该清楚地显示了客观性，并不代表价值中立。

所以，在我们看来，有一个认知的分工来促进民主社会公共事务的协商。这些认知型的公共机构应该倡导协商，以及帮助市民对他们未来的任务坚定信心。结果应该由社会自己决定，通过集体协商决定，而不是由个人的自我决策决定。

当然，这样的认知分工不能代替决策中其他的民主形式，如由投票决策或由买方市场决策。与其让他们在自己的优先价值基础上做决策，不如教授公民有关社会价值的概念，对其他的决策过程来说都有帮助。其实在他们协商的过程中，他们已经发现自己的价值观发生改变，对自己的利益有了不同的认识，也许更加能从公众利益考虑。

从一方面说，我们对评估的社会角色的理解是从唐纳德·坎贝尔早年提出的观点中演化和扩展出来的。在争议不明显的时候，坎贝尔建议评估者发现社会项目的功效，这对社会的进步很有好处。但不同的是，他认为我们已经很容易地选择了该支持的价值观，但达成这样的价值观却十分困难。

在充满争议的时代，我们认为评估有助我们了解这些价值观（评估）是什么，是应该经过合理的、由民主观念和原则指导下的过程。这些观念和原则本身应该接受争论、辩论以及修订。在我们认为，评估不能分割出严格的事实，也分割不出严格的价值。因为事实和价值并不是两个分离的领域，评估可以为最终形成融合两者的结论提供帮助。

评估的特点

社会项目的评估是一种能有效促进民主协商的措施（或制度），必须遵照（并不一定是毫无争议的）民主的观点。我们认为情感式民主主义（emotive democracy），超平等主义（hyper-egalitarianism）以及超多元主义（hyper-pluralism）都是不够的。任何对权力失衡的失败修正都应该严格考虑协商式民主。如果相信不同形式的价值论题有不可判定性，那么评估研究将是对价值的哲学性身份以及角色的误读。

我们否认价值论题的不可判定性，所以我们没有理由制止提出观点以及做出判断，更何况这些决定是基于参照民主的竞争优势来开发的协商式民主的观点。这个观点糅合了平等主义（或需求导向）关于公正的观点，后者为在评估结论中达成权力平等。这个观点还进行了进一步的创新。该观点有三个总要求：包容、对话以及协商。这些要求既互相独立又互相重叠，每个要求都有其倾向，来特别地迎合解决当前社会中不平等的问题。

包容要求利益相关者并不仅仅在名义上参与。这些利益相关者不仅有象征意义，他们的呼吁应该被听见，并得到认真地对待。对话的要求扩展了包容的观念。对话不但是要求不同的观点都被听取，更要求有交互的过程，以加强多边理解，完善参与者自己的观点。协商要求关注评估的对象，防止评估推理中的不良影响，将方法论的作用极致地发挥出来。

应该在评估的过程中，充分发挥协商民主。例如，在一个公共机构中，不仅仅要安置评估，还要给参与者推广这样的观点。我们相信，遵守规则并在方法论上经得起考验的观点可以推广至复杂的社会问题中，那样可以很大程度上改进协商式民主。（在这样一个互相攻击的时代，不同的观点都被不分青红皂白地归于"特殊利益"当中），银行家、烟草种植者、穷人、妇女都一视同仁——评估可以扮演一个重要的监督者的角色。

但这个角色要求评估坚守道德-政治的方向，而这个方向是由协商民主观来决定的。超越这个观念，我们也许会被冠以利用党派性或偏见来影响评估的恶名。但是，唯一来坚持这个观点的方式是价值不是在起始时就确定的，而是预设任何融合真实价值的观念都必然是有党派性或有偏见的。这与我们之前提供的独立存在的价值框架是不同的，一些人不承认我们的错误，但事实上没有正误之分。评估的任何方式都不可避免地带有一些观念，这些观念关系到对评估与民主的关系理解。重要的问题是，这样的观念是否充分。

评估者的特点

评估者应该掌握社会研究方法论，包括进行可靠评估的特殊技巧和知识；他们应该熟悉这个行业的历史和道德约束，且应该具备之前列出的许多品质。另外，还应该强调一些与协商民主观相关的特点。

首先，评估者对参与评估的人以及广泛大众都有信托责任，要用他们的资源和专业技术来增进公共利益，将他们的发现以易理解的方式进行交流。因为评估者有特殊的知识和专业技术，也有特殊的权威，故而他们有责任不滥用他们的权威去欺骗大众或是暗中鼓吹他们自己或他人的利益。就像医生要遵守维护健康的价值一样，评估者要遵守维护民主的价值。

由此看来，评估者应该是民主和公共利益的拥护者，并坚持这个观点所带有的预设——公平主义的公正观。在我们看来，公共利益不是静态的，也常常不是在起初就能被发现的，而是在恰当安排的民主过程中演化（或可能演化）出来的。在这个过程中，评估扮演重要角色。既然评估者应该是民主和公共利益的拥护者，那么他们不能为拥护某些利益相关者群体，他们对证据以及结果的认识和看法就不会受到影响，也不会有什么先见预设。

其次，评估者必须是机敏的协调者，愿意加入协调工作中。但是，只是作为执行官，它还被赋予了一些权力：他们必须限制妥协的程度，也限制一些利益相关者可能造成的无根据、为自我利益服务的，或是在道德上遭人厌恶的行为。仅仅在实践方面有所作为是不够的。

再次，评估者必须站在道德-政治的基本原则（moral-political fundamentals）上。如果需要，他们还必须与利益相关者们保持独立。他们不能允许由顾客和赞助人来决定评估中价值的本质和性质。（House，1993）所有的价值都应该受到评估。

本书结尾揭示了一个对大多数人来说大胆的结论：评估的优劣取决于限制它的价值框架以及它所采用的研究方法。事实上，两者都不容缺乏。

137

参考文献

Alkin, M. C. (1997). Stakeholder concepts in program evaluation. In A. Reynolds &.
   H. Walberg (Eds.), *Evaluation for educational productivity*. Greenwich, CT JAI.

Alkin, M. C., Adams, K. A., Cuthbert, M., & West, J. G. (1984). *External evalua-
   tion report of the Caribbean Agricultural Extension Project: Phase II.* Minneapolis:
   Caribbean Agricultural Extension Project.

Aronowitz, S., & Giroux, H. A. (1990). *Postmodern education: Pohtics, culture, and
   social criticism.* Minneapolis: University of Minnesota Press.

Ayer, A. J. (1936). *Language, truth and logic.* New York: Dover.

Barber, B. (1992). *An aristocracy of everyone.* New York: Ballantine.

Bhaskar, R. (1986). *Scientific reahsm and human emancipation.* London: Verso.

Brylc, A. S. (Ed.). (1983). Stakeholder-based evaluation [Special issue]. *New Di-
   rections for Program Evaluation*, 17.

Campbell, D. (1974, September). *Quantitative knowing in action research.* KurtLewin
   Award Address, Society for the Psychological Study of Social Issues, presented at
   the meeting of the. American Psychological Association, New Orleans.

Campbell, D. (1982). Experiments as arguments. In E. R. House, S. Mathison, J. A.
   Pearsol, & H. Preskill (Eds.), *Evaluation studies review annual* (Vol. 7, pp.
   117- 128). Beverly Hills, CA: Sage.

Chelimsky, E. (1998). The role of experience in formulating theories of evaluation
   practice. *American journal of Evaluation*, 19, 35-55.

Constas, M. A. (1998). The changing nature of educational research and a critique of
   postmodernism. *Educational Researcher*, 27 (2), 26-33.

Cousins, J. B., & Earl, L. M. (1995). *Participatory evaluation in education: Studies
   in evaluation use and organizational learning.* London: Falmer.

Cousins, J. B., &. Whitmore, E. (1998). Framing participatory evaluation. In E. Whitmore (Ed.), Understanding and practicing participatory evaluation [Special issue]. *New Directions in Evaluation*, 80, 5-23.

Dougherty, K. C. (1993). *Looking for a way out: Women on welfare and their educational advancement.* Unpublished doctoral dissertation, University of Colorado, Boulder.

Fay, B. (1975). *Social theory andpohticalpractice.* London: Unwin Hyman.

Fetterman, D., Kaftarian, S. J., & Wandersman, A. (Eds.). (1996). *Empowerment evaluation: Knowledge and tools for self-assessment and accountabihty.* Thousand Oaks, CA: Sage.

Fischer, F. (1980). *Politics, values, and public methodology: The problem of methodology.* Boulder, CO: Westview.

Foucault, M. (1987). Questions of method: An interview with Michel Foucault. In K. Baynes, J. Bohman, & T. McCarthy (Eds.), *After philosophy: End or transformation.* (pp. 100-117). Cambridge: MIT Press.

Fournier, D. M. (1995). Establishing evaluative conclusions: A distinction between general and working logic. In D. M. Fournier (Ed.), Reasoning in evaluation: Inferential links and leaps [Special issue]. *New Directions for Evaluation*, 68, 15-32.

Frankena, W. J. (1967). Value and valuation. In P. Edwards (Ed.), *Encyclopedia of philosophy* (Vol. 8, pp. 229-232). New York: Macmillan.

Garraway, G. B. (1995). Participatory evaluation. *Studies in Educational Evaluation*, 21, 85-102.

Greene, J. C. (1988). Stakeholder participation and utilization in program evaluation. *Evaluation Review*, 12, 91-116.

Greene, J. C. (1997). Evaluation as advocacy. *Evaluation Practice*, 18, 25-35.

Guba, E. G., & Lincoln, Y. S. (1989). *Fourth generation evaluation.* Newbury Park, CA: Sage.

Gutmann, A. (1987). *Democratic education.* Princeton, NJ: Princeton University Press.

Hahn, A. J., Greene, J. C., & Waterman, C. (1994). *Educating about public issues.* Report from the Kellogg Foundation, Cornell University, Ithaca, NY.

Haug, P. (1996). Evaluation of government reforms. *Evaluation*, 2, 417-430.

House, E. R, (1980). *Evaluating with validity.* Beverly Hills, CA: Sage.

House, E. R. (1990). Realism in research. *Educational Researcher*, 20 (5), 2-9.

House, E. R. (1993). *Professional evaluation: Social impact and pohtical consequences.* Newbury Park, CA: Sage.

House, E. R. (1997). The problem of values in evaluation. *Evaluation Journal of Australasia*, 8 (1), 3-14.

House, E. R., & Howe, K. R. (1998). Advocacy in evaluation. *American . Journal of Evaluation*, 19, 233-236.

Howe, K. R. (1985). TWo dogmas of educational research. *Educational Researcher*, 14 (8), 10-18.

Howe, K. R. (1988). Against the quantitative-qualitative incompatibility thesis (or dogmas die hard). *Educational Researcher*, 17 (8), 10-16.

Howe, K. R. (1992). Getting over the quantitative-qualitative debate. *American Journal of Education*, 100, 236-256.

Howe, K. R. (1995). Democracy, justice and action research: Some theoretical developments. *Educational Action Research*, 3, 347-349.

Howe, K. R. (1998). The interpretive turn and the new debate in education. *Educational Researcher*, 27 (8), 13-20.

Hume, D. (1978). *A treatise of human nature*. Oxford: Oxford University Press. (Original work published 1739)

Hurley, S. L. (1989). *Natural reasons: Personahty and pohty*. New York: Oxford University Press.

Karlsson, O. (1996). A critical dialogue in evaluation: How can interaction between evaluation and politics be tackled? *Evaluation*, 2, 405-416.

Karlsson, O. (1998). Socratic dialogue in the Swedish political context. In T. A. Schwandt (Ed.), Scandinavian perspectives on the evaluator's role in informing social policy [Special issue]. *New Directions for Evaluation*, 77, 21-38.

Kuhn, T. S. (1962). *The structure of scientific revolutions*. Chicago: University of Chicago Press.

Kuhn, T. S. (1977). *The essential tension*. Chicago: University of Chicago Press.

Kymlicka, W (1990). *Contemporary pohtical theory: An introduction*. New York: Oxford University Press.

Kymlicka, W (1991). *liberahsm, community and culture*. New York: Oxford University Press.

Lindblom, C. E. (1977). *Pohtics and markets*. New York: Basic Books.

Lyotard, J. -F. (1984). *The postmodern condition: A report on knowledge* (G. Bennington & B. Massumi, Trans.). Minneapolis: University of Minnesota Press.

Lyotard, J. -F. (1987). The postmodern condition. In K. Baynes, J. Bohman, & T. McCarthy (Eds.), *After philosophy: End or transformation!* (pp. 67-94). Cambridge: MIT Press.

Mabry, L. (1997). (Ed.). *Evaluation and the postmodern dilemma*. Greenwich,

CT JAI.

MacDonald, B. (1977). Apolitical classification of evaluation studies. In D. Hamilton (Ed.), *Beyond the numbers game* (pp. 224-227). London: Macmillan.

MacDonald, B., & Sanger, J. (1982). Just for the record? Notes towards a theory of interviewing in evaluation. In E. R. House, S. Mathison, J. A. Pearsol, & H. Preskill (Eds.), *Evaluation studies review annual* (Vol. 7, pp. 175-198). Beverly Hills, CA: Sage.

MacIntyre, A. (1981). *After virtue.* Notre Dame, IN: University of Notre Dame Press.

Madison, A., & Martinez, V. (1994, November). *Client participation in health planning and evaluation: An empowerment education strategy.* Paper presented at the annual meeting of the American Evaluation Association, Boston.

Mark, M. M., & Shotland, L. R. (1987). Stakeholder-based evaluation and value judgments. In D. Cordray & M. W Lipsey (Eds.), *Evaluation studies review annual* (Vol. 11, pp. 131-151). Newbury Park, CA: Sage.

Morris, B., & Stronach, I. (1993). *Evaluation of the management of change: Tayside TVEI.* Stirling, Scotland: University of Stirling, Department of Education.

Nozick, R. (1974). *Anarchy, state, and utopia.* New York: Basic Books.

Oakes, J. (1985). *Keeping track.* New Haven, CT: Yale University Press.

Phillips, D. C. (1983). After the wake: Postpositivistic educational thought. *Educational Researcher,* 12 (5), 4-12.

Proppe, O. (1979). *Dialectical evaluation.* Urbana, IL: Center for Instructional Research and Curriculum Evaluation.

Pursley, L. C. (1996). *Empowerment and utilization through participatory evaluation.* Unpublished doctoral dissertation, Cornell University.

Quine, W. V. (1962). *From a logical point of view* (2nd ed.). Cambridge, MA: Harvard University Press.

Quine, W. V. (1970). The basis of conceptual schemes. In C. Landesman (Ed.), *The foundations of knowledge* (pp. 160-172). Englewood Cliffs, NJ: Prentice Hall.

Rabinow, P., & Sullivan, W. (1979). The interpretive turn: Emergence of an approach. In P. Rabinow & W: Sullivan (Eds.), *Interpretive social science* (pp. 1-21). Los Angeles: University of California Press.

Rawls, J. (1971). *A theory of justice.* Cambridge, MA: Belknap.

Rogers, P., & Owen, J. (1995, November). *Sources of criteria in evaluations.* Talk delivered at the University of Colorado, Boulder, School of Education.

Rorty, R. (1979). *Philosophy and the minor of nature.* Princeton, NJ: Princeton University Press.

Rorty, R. (1982). Method, social science and social hope. In R. Rorty, *Consequences of pragmatism.* Minneapolis: University of Minnesota Press.

Schwandt, T. A. (1997). Evaluation as practical hermeneutics. *Evaluation*, 3, 69-83.

Scriven, M. (1969). Logical positivism and the behavioral sciences. In P. Achenstein & S. Barker (Eds.), *The legacy of logical positivism* (pp. 195-210). Baltimore: John Hopkins University Press.

Scriven, M. (1972). Objectivity and subjectivity in educational research. In L. G. . Thomas (Ed.), *Philosophical redirection of educational research* (pp. 94-142). Chicago: National Society for the Study of Education.

Scriven, M. (1973). Goal-free evaluation. In E. R. House (Ed.), *School evaluation* (pp. 319-328). Berkeley, CA: McCutchan.

Scriven, M. (1980). *The logic of evaluation.* Inverness, CA: Edgepress.

Scriven, M. (1986). New frontiers of evaluation. *Evaluation Practice*, 7, 7-44.

Scriven, M. (1991). *Evaluation thesaurus.* Newbury Park, CA: Sage.

Scriven, M. (1994). The final synthesis. *Evaluation Practice*, 15, 367-382.

Shadish, W, Cook, T., & Leviton, L. (1995). *Foundations of program evaluation.* Thousand Oaks, CA: Sage.

Stake, R. E. (1984). Program evaluation, particularly responsive evaluation. In G. F. Madaus, M. Scriven, & D. L. Stufflebeam (Eds.), *Evaluation models* (pp. 287-310). Boston: Kluwer-Nijhoff.

Stake, R. E. (1986). *Quieting reform: Social science and social action in an urbanyouth program.* Chicago: University of Illinois Press.

Stake, R. E. (1995). *The art of case study research.* Thousand Oaks, CA: Sage.

Stake, R. E., Migotsky, C., Davis, R., Cisneros, E. J., Depaul, G., Dunbar, C., Jr., Farmer, R., Feltovich, J., Johnson, E., Williams, B., Zurita, M., & Chaves, I. (1997). The evolving synthesis of program value. *Evaluation Practice*, 18, 89-109.

Stronach, I. (1997). Evaluation with the lights out: Deconstructing illuminative evaluation and new paradigm research. In L. Mabry (Ed.), *Evaluation and the postmodern dilemma* (pp. 21-39). Greenwich, CT. JAI.

Stronach, I., & MacLure, M. (1997). *Educational research undone: The postmodern embrace.* Philadelphia: Open University Press.

Taylor, C. (1987). Interpretation and the sciences of man. In P. Rabinow & W. Sullivan (Eds.), *Interpretive social science: A second look* (pp. 33-81). Los Angeles: University of California Press.

Taylor, C. (1995). *Philosophical arguments.* Cambridge MA: Harvard University Press.

Taylor, P. W (1961). *Normative discourse.* Englewood Cliffs, NJ: Prentice Hall.

Urmson, J. O. (1968). *The emotive theory of ethics.* Oxford: Oxford University Press.

Walzer, M. (1983). *Spheres of justice.* New York: Basic books.

Weiss, C. (1983). Toward the future of stakeholder approaches in evaluation. In A. S. Bryk (Ed.), Stakeholder-based evaluation [Special issue]. *New Directions for Program Evaluation*, 17, 83-96.

Wheelock, A. (1992). *Crossing the tracks.* New York: New Press.

Wittgenstein, L. (1960). *The blue and brown books.* New York: Harper Torchbooks.

Young, I. M. (1990). *Justice and the pohtics of difference.* Princeton, NJ: Princeton University Press.

作者索引

主题索引

译者后记

坦率地讲，对我自己而言，翻译这本书的过程，也是不断学习的过程。正是在阅读这本书的过程中，逐渐加深了对评估的理解。评估不仅是一个实践的领域，而且是各种价值渗透交锋的政治舞台；评估活动不仅是观察和测量行为，而且是各种利益相互博弈的结果；评估者不是纯粹客观的旁观者，而是合理推动评估进程的仲裁人。在作者的笔下，评估不仅是融合价值冲突的决策机制，而且是促进社会公平公正的政策工具。

欧内斯特·R.豪斯和肯尼斯·R.豪都是科罗拉多大学教育学院的教授，擅长于从哲学伦理的视角进行政策和实践的研究。他们从"事实-价值"二分法这个古老的哲学命题入手，主张"价值-事实"是一个统一体，密不可分，价值可以推论，从而为评估实践活动开拓了新的认识论视野，找到了一条通往客观、公正、民主的方法论基础。

他们认为，近代哲学诸如实证主义、建构主义、后现代主义等诸多流派都对"事实-价值"提出了认识论主张。实证主义认为事实和价值截然不同，事实与客观世界有关，而价值取决个体的选择。因此，价值具有内在主观性，价值判断缺乏必要的认知基础。这就意味着评估者没有办法合理地做出价值判断；建构主义主张个体建构了自己的世界，事实和价值一样，都是个体选择的结果，在建构主义认识论下，评估者也缺乏价值判断的合法基础；后现代主义关于"事实-价值"的论断更具颠覆性，他们拒斥一切形式的规范和权威，质疑评估活动背后的价值指向性，因此，后现代哲学也无法为评估提供建设性的实践指导。

在现代民主社会中，要想真正让评估发挥公共事务决策的作用，就要为价值寻求一个牢固的认识论和方法论基础，为此，他们提出了协商式民主观，明确了评估的三个要求：包容、对话和协商。可以说，他们两人都是理想主义者，旨在民主的框架下，构建一个公正客观的评估范式。但在实践层面，如何去执行和操作，留下了许多未解的空间。

阅读本书是一件让人兴奋的事情，但是翻译它却相当艰难。作者从哲学、伦理学、政治学、教育学多个学科视角出发，细数先哲巨擘，旁征博引。这给翻译工作带来了很大的困难，时常感到力有不逮，译文中有不妥的地方欢迎大家批评指正。

在此还要感谢教育科学出版社的李芳老师。她细心地核对译文并精心校正每一个译名和标点，精益求精的专业精神让我钦佩。

桂庆平

2015 年 2 月

（桂庆平，1982 年出生，安徽省桐城市人。本科、硕士就读于东北大学文法学院，获管理学学士、硕士学位。博士就读于北京师范大学教育学部，获教育学博士学位，致力于高等教育管理和教育评价研究。现就职于中国教育科学研究院。）

出 版 人　所广一
责任编辑　李　芳
版式设计　沈晓萌
责任校对　贾静芳
责任印制　叶小峰

图书在版编目（CIP）数据

评估价值论／（美）豪斯（House, E. R.），（美）豪
（Howe, K. R.）著；桂庆平译 . —北京：教育科学出
版社，2015. 2
　（教育领导力系列／周作宇主编）
　书名原文：Values in evaluation and social research
　ISBN 978-7-5041-9330-8

　Ⅰ . ①评… 　Ⅱ . ①豪… ②豪… ③桂… 　Ⅲ . ①价值
（哲学）—研究　Ⅳ . ①B018

中国版本图书馆 CIP 数据核字（2015）第 004033 号

北京市版权局著作权合同登记　图字：01-2012-9186 号

教育领导力系列
评估价值论
PINGGU JIAZHILUN

出版发行	**教育科学出版社**			
社　　址	北京·朝阳区安慧北里安园甲 9 号	市场部电话	010-64989009
邮　　编	100101	编辑部电话	010-64989235
传　　真	010-64891796	网　　址	http://www.esph.com.cn
经　　销	各地新华书店		
制　　作	北京金奥都图文制作中心		
印　　刷	保定市中画美凯印刷有限公司		
开　　本	154 毫米×230 毫米　16 开	版　　次	2015 年 2 月第 1 版
印　　张	10	印　　次	2015 年 2 月第 1 次印刷
字　　数	98 千	定　　价	26.00 元

如有印装质量问题，请到所购图书销售部门联系调换。

Original English Title:

Values in Evaluation and Social Research

By Ernest R. House, Kenneth R. Howe

English language edition published by SAGE Publications Inc., A SAGE Publications

Company of Thousand Oaks, London, New Delhi, Singapore and Washington D. C.,

© [1999] by SAGE Publications, Inc.

This Chinese Simplified edition is translated and published by permission of Proprietor.

Educational Science Publishing House shall take all necessary steps to secure copyright

in the Translated Work in each country it is distributed.

本书中文版由权利人授权教育科学出版社独家翻译出版。未经出版社书面许可，

不得以任何方式复制或抄袭本书内容。

版权所有，侵权必究